U0129191

漫步雲端的金流世界

承 昊 著

文史哲出版社印行

國家圖書館出版品預行編目資料

漫步雲端的金流世界 / 承　昊著. -- 初版 --
臺北市：文史哲, 民 103.07
頁；公分
　　參考書目：頁
　ISBN 978-986-314-198-3（平裝）

1.金融管理　2.流動資金管理

561　　　　　　　　　　　　　103014500

漫步雲端的金流世界

著　　　者：承　　　　　　　　昊
出 版 者：文　史　哲　出　版　社
http://www.lapen.com.tw
e-mail：lapen@ms74.hinet.net
登記證字號：行政院新聞局版臺業字五三三七號
發 行 人：彭　　　　正　　　　雄
發 行 所：文　史　哲　出　版　社
印 刷 者：文　史　哲　出　版　社
臺北市羅斯福路一段七十二巷四號
郵政劃撥帳號：一六一八〇一七五
電話886-2-23511028・傳真886-2-23965656

實價新臺幣三〇〇元

中 華 民 國 一〇三 年 （2014） 七 月 初 版

著財權所有・侵權者必究
ISBN 978-986-314-198-3

前　　言

「想得到，就做得到」、「心有多大，格局／世界就有多大」簡簡單單的話語，卻道盡了科技的變革！

50 年代末期，為了觀看美國登陸月球，一揭月亮嫦娥與搗米兔子傳說的真實性議題，整個村子的村民全都圍繞在村長家，全村唯一的電視機！70 年代初期，擁有彩色電視會令周遭親友驚羨！末期整個辦公室也只有會計室、電報室或外匯交易部門有電腦！到了現今，手機就是隨身電腦。

舉例來說：醫院看診、批價、等藥單、慢性處方箋領藥等流程攏長耗大，現在導入「人性化流程」，生活就該如此簡單。因此，出現「自動批價之掛號系統」。

想要出租、出售房屋，要先買張大紅色紙張，大大寫個「售」及「租」，到處張貼，或是刊登報紙。現在，只要上上網登錄一下，3 天至一星期成交！

由此可知，電子商務已悄悄地影響大家的生活。以金融業務而言，在電子商務系統中，全面且完善的線上金流服務網絡，為其業務之關鍵。所謂「金流業務」，意指帳款收付至帳務銷帳之一連串的過程及作業。帳款收付業務雖然是金錢業者特許的營業項目，但在金融業中卻找不到金流服務業務項目，反倒是系統公司整合代收/付款項、銷帳作業，並併

入系統整合服務，開創「金流服務業務」招牌，反而成為金流業務的代名詞！

　　有鑑於此，本書係協助讀者更深入瞭解金流業務，及時代變化所衍生的交易模式與金流改革；再者，藉由生活周遭的各種事物，深入淺出地介紹金流業務。本書相當適合金融從業人員或對金流業務有興趣者閱讀。

漫步雲端的金流世界

目　　次

第一章　金流的意義與發展

第一節　金流的意義

　　所謂「流通業」，即是包含有物流、金流及資訊流，三者交义運作的結晶。（如圖 1-1）

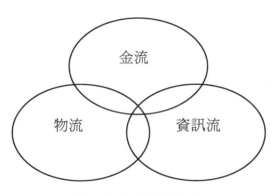

圖 1-1　流通業示意圖

　　譬如說，以就好買網站購物為例（如圖 1-2），使用者小承應該要先行建立個人資料，經過公司制式作業流程，並進行審核程序，最後核配給小承會員編號及密碼，這就是「資訊流」。小承使用自己的會員編號及密碼，即可進行使用授權

權限範圍內之交易及介面，有的網站會區分一般會員或白金會員等，使用介面及交易內容，或者折扣程度，均會有所不同。

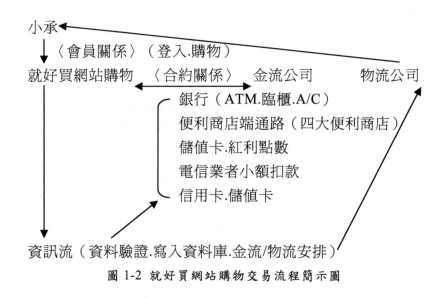

圖 1-2　就好買網站購物交易流程簡示圖

　　小承登錄會員進行交易下單後，網頁往往會產生購物車內容再次確認之畫面，接下來「金流」準備上場。網頁上會出現以供會員選擇的結帳方式，如網路信用卡、金融卡、便利商店付款、匯款等支付方式，但有時也會搭配使電訊業者的小額付款機制，也有的會採行會員預付款方式進行額度內的消費扣抵，或者是儲值卡、紅利折抵等方式。

　　「金流」結束後，「物流」開始連著上桌，貨運公司或便利商店取貨等方式為主，也有的會在合作的指定商店取貨，取貨方式往往會提供彈性選擇時間及地點便捷處，給予

會員最溫馨及貼心服務。

　　物流、金流及資訊流三者的程序關係，並非是一個蘿菠一個坑，一個一個接棒的作業流程，反倒應該說是，彼此交織的一連串流程！

　　何謂「金流」？所謂「金流」，係指從交易雙方開始接觸，到交易完成之帳務交割，與貨物／服務提供完妥的一連串過程。

　　何謂「金流業者」？在網頁鍵入「金流」或「金流業者」等相關文字時，會發現竟然清一色都是資訊業者的連結，也就是說，「金流」這個名字已經是這些資訊業者的代名詞了！但是～爲何會有如此結果呢？「金流」不是銀行法所規定「銀行業者」特許的經營項目嗎？

　　探究其主要發展原因如下（如表 1-1.1-2）：

A.銀行業業務項目的部門區隔明顯，很少有共同控管的彙整統合組織構架，如：信用卡部、金融卡部、消費金融部、行銷企劃部、資訊部……等等。

B.銀行業的部門間績效及自主意識強烈，很難融合銀行整體綜效。

C.銀行業的部門研商時間冗長，效率不彰。

D.銀行業無設立有統合控管單位，對外及對內溝通窗口難以統一，亦無全權負責單位。

E.銀行業因爲部門之區隔，除了資訊部門外，各需求單位未設有資訊專長人員，易產生溝通阻障。

F.資訊業者採行業務性質設立組織架構，故對於業務商機反應及對策快速，並兼具資訊業務專長。同時可提供企業程

式撰寫及資料庫備援等服務，再者，亦可運用客戶群聚之
資金交易商機，向銀行要求相關手續費低廉等優勢！

表 1-1　銀行業與資訊業之金流角色比較表

	銀行業	資訊業
資本規模	大	小
組織架構	層層討論、溝通、簽核 權責主管眾多	任務組別成員會議 單一授權主管
金流業務職務	依業務性質職權分工	依任務編組
事權統一性	依業務性質予以部門化	事權統一
資訊專業程度	資訊部門專長資訊，但業務內容不熟絡 業務部門有業務想法及需求，但資訊素養欠缺	資訊作業是強項，加上任務編組之業務內容直接參與，可立速掌握需求及方向
商品推展能力	因受限於部門的溝通困境，商品推展力較差，需求過程複雜且時間長	任務編組效率高
業務開發能力	跨部門業務，無統一事權窗口，往往僅有自有部門之業務開發，其餘不太理會	任務編組開發能力強
金流地位	各項業務之代收付款服務	金流業務之代名詞
服務項目	各項業務之代付收款服務 相關業務網址之收繳款連結服務	各項業務之代收付款服務 相關業務網址之收繳款連結服務 程式撰寫 資料庫之使用服務 防火牆服務
優勢	資料傳輸安全等級高 資料內容無外流風險 客戶資金保障程度高	資料傳輸安全等級較低 資料內容或有外流風險 客戶資金先轉入資訊公司帳戶代管，再行撥款；客戶收受資金保障程度較低

表 1-2 銀行業與資訊業之金流角色優劣勢比較表

	銀行業	資訊業
優勢	資料傳輸安全等級高 資料內容無外流風險 客戶資金保障程度高	任務編組，事權統一 單一窗口 商品百貨化，服務周全 業務綜效佳 交互學習成長
劣勢	依業務性質職權分工、部門化，事權不一致 無統一窗口 部門化產生業務推展單一化 部門間之合作效率差 部門化產生其他專業能力不足	資料傳輸安全等級較低 資料內容或有外流風險 客戶資金先轉入資訊公司帳戶代管，再行撥款；客戶收受資金保障程度較低

第二節　金流的發展

一、銀行業的金流業務定位

　　以前為了繳納一張水、電、瓦斯或學雜費時，常常要撥空到指定的大型公營行庫辦理，而且還要注意必需要在銀行的營業時間內趕緊抵達，接下來還要面對的就是～大排長龍！

　　後來開放大部份的銀行申請代理收付業務，提供了客戶直接性服務，增加了不少方便！可是銀行的營業時間還有洽辦上的便利性不足情形。正因此，便利商店以連鎖店的強力優勢，搶食代理收款服務，近年來，四大便利商店（統一、全家、萊爾富、ＯＫ）每年代理收款服務手續費均達數億元

上，其中部份便利商店甚至有達數十億元以上！這種代理收
款服務業務是一種零風險及零成本的純服務性收益。(表 1-3)

表 1-3 金流的發展歷程簡列表

年度	金流的發展歷程
民國 80 年年代之前	提供服務機構自行收取費用（如水、電、瓦斯或學雜費） 指定大型公營行庫代理收款 增加農漁會.信合社及郵局代理收款
民國 80 年年間	增加信用卡代理收款
民國 83 年年間	增加便利商店代理收款 增加業務合作機構及開辦電信費用代理收款
民國 86 年年間	增加網路金流代理收款（初期以信用卡為主，後來開放 ATM 轉帳方式）金融卡
民國 90 年年間	增加網路金流代理收款（金融卡）
民國 93 年年間	電信業加入金流市場（小額付款）
民國 98 年年間	增加大型量販店代理收款

　　民國 98 年間，經由部份銀行的積極規劃服務，近期又增
加了代理收款服務的機構，那就是大型量販店！初期仍先以
保險費及二類電信費代理收款服務為主，這的確是再次增添
客戶的便利性服務。

　　基本上而言，代理收款業務是會因應不同的業務需求，
產生應用上的差異（表 1-4）。不管任何不同型式的交易模
式，金融機構均為最基本且最重要的代理收款業務上的好幫
手，而網路上的帳款交割，則屬便利性及即時性最高的方式，
尤其是使用信用卡方式繳納更是便捷。便利商店雖然很便
利，但是金額過高者，比較不適合，一般而言，以平均每筆
帳單 2,000 元為主，基本上最高不超過 2 萬元。量販店則在
近年少數銀行的積極推展之下逐漸加入代理收款行列，只可

惜規劃上的不足,目前仍不成氣候!

　　再者,電信業者雖然極具便利性,但基本上仍以小額收款為主,以防有收帳風險(表 1-4)。最右欄位所列示的業務合作機構則是因應各別商家的需求洽談業務合作,提供消費者到指定合作機構,辦理臨櫃便利繳款並收取交易標的,這種交易模式主要是適用於電影票、交通票券或旅遊票券為主,另方面除了增加消費者的來客數外,還可以刺激消費的機會。

表 1-4 金流的應用比較表

業務需求＼代理機構	金融機構	便利商店	量販店	電信業者	網路	業務合作機構
公用費稅	●	●	●		●	
學雜費	●	●	●		●	
網路交易	●	●	●	●	●	●
貨款	●	●			●	●
保險費	●	●	●		●	
捐款	●	●		●	●	
貿易	●				●	
優點	具社會公信力、便利性高、服務項目多元化	便捷性最高、24 小時全年無休的服務	適合家庭量販採購時順便辦理代理業務	有利於電信業者客戶,享有直接性的服務	進行網路交易時,同時進行帳款交易的便利	增加業務合作深度、並招攬客源

註:1.金機機構係包含銀行、信農漁會、郵局等機構。

　　2.網路係指運用網路進行款項交易之作業,包含金融卡或信用卡等付款方式。

　　3.業務合作機構係指該機構與授權代理收款者有業務合作關係。

　　由本章第一節中，不難得知銀行業在金流市場的定位。不論在法規上，或者的帳務清算上，均屬於不可取代的重要金流地位！但是由於銀行內部組織架構的限制，加上各門部之自行績效掛帥的門戶壁壘，與事權窗口未統一等等綜合問題，導致市場認知偏誤，造成有金流公司就等於該類資訊服務公司的代名詞偏誤。

　　然而，銀行業的金流業務的內部定位，則端賴各銀行內部架構之規劃不一而同。金流業務原則上係包含有信用卡、金融卡、儲值卡、禮券、各項費稅等之代收服務，有些另有包含代理開立大量支票及 C2C（公司 —— 公司）、C2B（公司 —— 個人）之代理收付款服務。由於業務範圍廣大，往往分散在各專屬部門負責，如信用卡部、信託部、業務管理部、個人金融部、企業企融部、資訊部…等。各部門獨立操作時，個個專精！但是跨部門業務合作時，往往會有溝通、認知及時程上之綜效問題的遺憾！

　　再者，由於銀行業原本的角色與地位，就是擔任社會公器的大愛行業。因為信賴關係，社會大眾將辛苦或投資所得及金錢資產，存放於銀行，但是一旦是發生現信賴天平失去平衡時，這個均衡模式立即破壞，社會動盪因而產生，諸如：第十信用合作社案、霸菱銀行案、中興銀行案、台中銀行案…等等，都在媒體播出時，產生諾大的社會成本，存款戶個個驚恐！

　　正因為社會公器的使命，銀行從業人員普偏屬於自律嚴謹的「規距人」。而對電腦、資訊業務的膨博發展與不斷創新，銀行業也持續導入規劃，籌設電子商務業務，個人及企

業金融逐步產生。但是，或許是因爲行業嚴謹特性所致，再加上對電子商務的瞭解不深透，因此產生電子商務的服務項目人性化不足，不太方便使用。更何況對於金流業務的商務思維與規劃，實在是遠遠落後在「金流公司」之後。比方說，現在各家銀行的代收／付業務，仍然大部份僅只於學雜費、社區管理費、公（工）商會會費、捐助款等項目爲大宗，而所謂的電子商務業務大都指的是企業／個人網路銀行吧了！爲何不整合創意來個全面性服務 ——「金流整合服務」！

二、證券、投信／顧、保險業的金流

（一）證券業的金流發展

　　民國 70 年代及以前，證券的買賣就好像台北外匯中心的外匯交易一樣，牆上掛了一個大大的看板，只不過是證券市場的自動撮合系統，產生看板上的個股成交價格及漲跌比率，會出現紅／綠色數值。

　　隨著民國 80 年後銀行業開放民間提出申請，新設立銀行有如雨後春筍般，突然間出現了 16 家新設立銀行，如果再加上信託及信合社改置銀行，與整併的銀行來綜觀，其實…真的很令社會大眾搞不清楚有多少銀行，甚至於有些銀行的寶號，常常會有產生類似或讓人混淆的情形，真像是城市的尋寶及猜謎遊戲，即使是到了現在，仍然有少部份銀行的名稱還有些莫生。

　　2 年後，同樣的戲馬再度重演，證券業亦大幅開放申請

設立，又是有如雨春筍般出現了很多不一樣的證券業新秀，可是這回與先前的新銀行開放不太相同，因為基本上銀行業仍有背負社會公器的使命與責任，但證券業則有如民眾所戲稱（耗子）一般，專責以協助投資人進行證券投資為業，所以當市場出現證券投資量長時間低迷不振時，很快地就會出現一大堆的整併或結束營業風潮。

近年來，隨著電腦資訊的膨博發展，電子銀行及電子化交易日漸盛行，使用電話或網路交易越行普遍，再者因為智慧型手機的流行，使用手機進行交易也更加便利。正因此，證券商的金流問題更值得深入探討！

投資人 ←—————————→ 證券商 ⇄ 銀行 → 證交所

（交易媒介：臨櫃.電話.網路.智慧型手機）

（交易功能：查詢（交易/帳務/市場公告資訊/抽籤申購等）.
　　下單/買賣及刪除）

（輔助功具：技術分析.（個人化）損益報表/記帳.稅務報表）

（金流處理：使用約定帳戶扣款，或自其他帳戶立即轉入）

（資金借貸：約定帳戶金額不足時，除了原有融資功能，另
　　可增添週轉額運用）

圖 1-3　證券的交易流程簡示圖

投資人的投資交易方式，大抵上可區分為：

1.臨櫃：證券經紀商營業處所的臨櫃當面委託。

2.電話：使用電話方式，可以減少人員往返的路程及時間的浪費。

3.網路：基本上網路交易可以節省電話連線費用的支出，而且網路上可以提供投資人更多、更完善、更便捷的服務，再加上動態密碼的把關，安全上似乎應該比電話交易時密碼輸入搭配雜音防範措施較令人安心！

4.手機：智慧型手機的問市，開創了網路上的革新，或許說是打破以往的交易模式。智慧型手機就好像是隨身攜帶的電腦，其他還有無線上網的相關設備，使用率亦超級方便！

　　過去的股票交易買賣大都是要到證券商經紀商營業處（俗稱「耗子」），或許是使用電話聯絡營業員，協助委託辦理下單交易。後來網路及電話交易通路逐步架構，提供投資更加便捷的交易方式。現在隨著智慧型手機的浪潮，運用手機 APP 程式起草，發展了手機介面功能的證券交易模式。如此一來，不但是增添了便捷及貼心的服務，並且隨時隨地可查詢最新證券資訊，及投資現況。此外，對於證券從業人員亦增加更多的方便，比如說，以往營業員必需熟記每個上市／櫃公司的證券代號，及其重要財務或相關重要資訊，提供客戶專業性的服務，但是現在上市／櫃及興櫃公司家數日漸成長，可能真的要「擴大記憶體」來增添各種資訊！類似使用手機 APP 程式進行開發的軟體，可以減少證券營業員的「記憶體空間不足／老舊」窘境，只要當當「指尖人」，手指在面板螢幕中來來回回劃一劃，相關的資訊及報表都可以十分專業的呈現在面前，而營業員只要再加以善運，一下子就可以提供最深入與即時的投資分析及報告，這…才是專業！

（二）投信／顧業的金流發展

　　所謂基金，就是一籃子的股票／債券。營業項目中的基金投資業務發展的普及性遠較證券投資業務慢，直到民國84-85 年間，才逐漸有基金投資業務之推展萌芽，亦即是貴賓理財業務，或提昇為財富管理業務，陸續方才受到社會大眾的普偏接受，並且逐步推出各式各樣的理財規劃工具與商品。正因此，證券經紀投資除了臨櫃辦理交易手續外，尚可接電話委託營業員下單，或電話語音網路交易等方式，但是交易金額未必有機會大於證券經紀投資的基金投資業務，現行作業仍然以臨櫃及網路辦理交易為主，還是無法在電話委託交易領域進行有效延伸應用！實為可惜！！（圖1-4）

投資人 ←——————————→ 銀行 ←——→ 投信／投顧
（交易媒介：臨櫃.網路.智慧型手機）
（交易功能：查詢（交易/帳務/市場資訊等）.下單/買賣及變更）
（輔助功具：技術分析.（個人化）損益報表）
（金流處理：使用約定帳戶扣款）
（資金借貸：現行規定,不得善誘投資人以借款方式進行投資）

圖 1-4 基金交易流程簡示圖

　　雖然，大部份的基金投資交易僅能受理臨櫃及網路（電話語音）交易模式，但還是有些銀行提供電話錄音模式，進行全程音的交易委託方式，有如外國債券交易一般，除了書面文件的簽立委託外，尚需有符合法規的錄音解說內容，期

以保護投資人（知）的權利，與要求銷售機構（遵守充分告知）的說明規範。

在台灣，要查閱基金的相關資料（淨值、趨勢、投資比重與區域、基金比較等），大抵上除了各銀行及各投信（投顧）的網路基金天地／財富管理等等介面外，常常會使用網路上的共用免費查詢平台（如 StockQ、鉅亨網、基智網等），這些網路主要收入來源為廣告收益，而提供消費者的查詢則是免費的，原則上不能像證券經紀業務，選取優質基金商品後立即使用該網頁，進行交易連結，遺憾（圖 1-5）！但是也有些網站的基金商品，也會與基金銷售機構進行業務合作，提供有申請開戶往來的投資人，可以立即直接進行線上辦理基金交易。

投資人 ◄──────────► 銀行（投信／投顧）基金資訊網站
（交易媒介：銀行、投信/投顧、基金資訊網站）
（交易功能：查詢（淨值、基金資訊、基金比較）
（銀行/投信顧:下單/買賣及變更）
（輔助功具：技術分析、市場資訊
（金流處理：銀行/投信顧 買賣交易）
（基金資訊網站 應與配合銀行進行連結交易）

圖 1-5 基金資訊網站流程簡示圖

有鑑於此，有些網路理財資訊公司，除了提供充沛的基金及投資相關資訊外，同時向廣告業者收取廣告費用外，另外可以產生諸多附帶收益，其中包含各類資訊的點選率、技

術分析工具的使用率、類股市場的點選程度…等等。從使用者的動熊內容，可以提供（學術／商業）研究機構，進行相關使用者熊樣探討、投資市場分析、消費者偏好研究…等。各種資訊資料都是有價值的！近期已有部分網站據此陸續推出衍生銷售商品，如旅遊、精品買賣、土地投資等等。

　　部分網站找金融機構進行異業聯盟，在投資人使用網路資訊進行（免費）使用時，如果有任何投資需求，還需要另行開啓有設立信託帳戶金融機構的網路銀行理財介面，進行投資服務！似乎有點麻煩，如果是使用智慧型手機的話，哪可是更加麻煩，因爲手機雖然很方便，但是網頁的開啓方式採行重疊式視窗，再加上頁面小了點耶！所以有些網路理財資訊公司與金融機構，進行直接的業務連結合作，如果使用者瀏覽網頁資訊後，可直接點選申購按鍵，連結至該合作的金融機構，進行直接／立即的投資服務，如此一來，使用人有被引導至該合作的金融機構往來機會唡！賓主盡歡，綜效產生。

（三）保險業的金流發展

　　民國 50 年間，台灣的人壽保險業只有國泰、新光、華僑及國光四家，其中國光人壽因爲經營不善，主管機關要求國光人壽轉由同業接管，因爲僅剩下三家人壽保險公司分食市場。而且產險公司亦因市場萌芽時期，同樣只有少數幾家經營。到了民國 80 年間隨著金融政策開放，保險業亦大量受理申設，並有諸多外資來臺籌組保險公司。

　　早期產險公司係以銀行（水／火及責任險）、商業大樓

（工程險）等為主體，而人壽保險業則以「每人每天存 1 元」口號的人海戰術，開啓了大樹般的事業體。人壽保險受理方式大都是以保險業務員直接親自洽辦爲主，辦理契約簽立、保費收取、契約親送及理賠申請等。產物保險受理方式則以企業申請者爲多，所以常有使用電話申請，再行送交契約及收款，比方說客戶向金融業者申辦房貸業務時，所需要徵提的火災／地震險，或者是進出口貿易的水險等，大都是由該金融業者代爲向保險公司申請，等到保險單收到後，再向客戶收取保險費用並交付保險單據（副本）留存。

　　近年來，隨著網路交易的活絡，保險費的交付方式亦爲多元化，申請保險的作業流程亦有人性化的便捷。

　　保險費的交付方式，以往係以現金、刷卡或支票爲主，於簽立保險單據時同時交付給保險業務員代收，並取得存執聯收據，或者是在保險單據簽立後，再由客戶直接匯款到該保險公司的專屬保險費帳戶內。（圖 1-6）

客戶（現金、刷卡、支票或匯款）

↓

保險業務員　（受理時已超逾營業時間者應行報備保險單簽立）

↓

保險公司

↓

核保 ⟶ 收費 ⟶ 　簽發保險單據

（註：圖示中的保險業務員，係統包含保險公司的業務員、保險代理人、保險經紀人及具有理財服務代理銷售保險的金融機構等合格保險業務員）

圖 1-6 保險單的申請與交付流程簡示圖

　　其中的現金及支票方式，偶而會產生人為上的弊端，保險業務員暫時性挪用客戶所繳納的保險費，改以刷卡或支票（一個月期）的繳款方式送件，取得部份或全額的保險費用自行無息運用，如果說能屆時準時繳付該保險單費用的話，似乎也就無人會發現，充其量也只有該保險公司的資金收益微微減少些些，應該無傷大雅。但是如果屆時無法如期繳付，哪可就大代誌了（出大狀況）！此外這可是內控與稽核項目的大考驗，如何降低該類作業風險，以及如何防止弊端發生與適時提早發現。

　　近些年來，保險公司有針對刷卡繳費方式提出調整規範，要求刷卡或支票繳付者需與要保人有直系血源關係，或具保險利益者為限，期以降低保險業務員從中挪用保險費的機率。

　　客戶如果選擇使用刷卡繳納保險費時，其實除了一般認知刷卡即是使用信用卡的交易方式外，現在使用金融卡的刷卡亦不少，而金融卡的刷卡方式又區分為一般晶片金融卡（需搭配使用讀卡機）、COMBO 卡（具備有刷卡功能的晶片金融卡）的圈存刷卡，還有儲值卡的刷卡。

　　在使用網路時，偶而會發現有保險單申請的廣告「看版」，其中細查後會發現係為旅行平安或汽機車的強制險為主。藉由網路上的宣傳及使用上的便捷，往往可以大幅降低客戶申請保險單的手續與時間，再搭配使用網路繳費方式，交易完成。（圖 1-7）

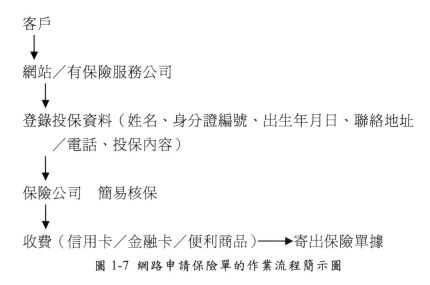

客戶

網站／有保險服務公司

登錄投保資料（姓名、身分證編號、出生年月日、聯絡地址
　　／電話、投保內容）

保險公司　簡易核保

收費（信用卡／金融卡／便利商品）──▶寄出保險單據

圖 1-7　網路申請保險單的作業流程簡示圖

　　使用網路超便捷的投保方式，確實很吸引客戶。客戶在
使用網路金融卡消費後，所出現的保險單申請「看版」，其
實已經鎖定這類消費族群！因為能看到這類廣告的客戶群，
表示目前或剛剛才使用過類似的金流交易流程，所以也代表
這類客戶群已經瞭解這種交易模式，同時也具有一定的認同
與信賴。因此，只要剛好或有機會誘引消費需求的話，那金
流交易只不過是再一次單純的過程。

三、金流業務的適用對象

　　既然各行各業似乎都有金流服務需求，而金融產業的如
火如荼的提供熱誠服務，也想要改變舊式銀行業的利差收入
結構，強化手續費的營業收入方針。哪倒底金流業務的適用

對象有誰？

1.金融機構：個人／企業網路銀行、收單發卡業務（金
融卡、信用卡、儲值卡）。

2.商店：實體／無實體商店。大小商店、貨到付款。

3.個人；買賣、包租公／包租婆（戲稱：員外）。

4.資訊公司；提供金流資訊系統。

5.其他：醫院、商城、發卡、遊戲業者、儲值卡（實體
／無實體）。

（一）金融機構

近 20 年來，隨著資訊科技的發展，金融機構提供客戶更
加便捷的服務，「網路銀行」逐步萌生、茁壯與不斷地創新。
除了一開始網路帳務查詢、轉帳業務，接下來陸續新增了存
款、外匯、基金及信託基金等服務業務，現在更加開創了智
慧型手機連結的服務，讓金融服務更加完整性，提供客戶全
方面的貼心服務。此外，銀行的客戶群眾多，且各地均有設
立分支機構，同時金融同業間的業務交流密切，創造了巢式
的金融服務網。所以很多企業、機構及學校等，常常會運用
這項優勢，辦理款項代收／付服務。還有實體／無實體商店
的交易款項，亦會使用金融卡及信用卡方式，進行交易款項
代收。此外也有很多商店會藉由金融機構便捷優勢，來進行
儲值會員卡的發行。

（二）商　店

商店不論是實體或者無實體，金流作業流程都是需要審

慎規劃的重要流程。在實體商店方面，客戶臨櫃消費交易後，商店一般而言，都是採行現金收付或採用信用卡，這二種為大宗，而近年來，由於國際信用卡集際（如 VISA）及金融機構，大力推展金融卡（COMBO 卡）刷卡消費服務，故金融卡刷卡消費交易亦逐漸擴增。其中，不僅止於兼具刷卡消費功能的晶片金融卡外，其實儲值卡亦是諸多商店簽約使用的金流工具，有時候使用儲值卡消費還會有紅利累積或折抵消費款的優勢喲！而金流工具提供的便利性，在不同大小規模的商店會產生不同的優勢效果，這就是所謂的規模效益。

網路商店的消費款收受，大抵上都是採行信用卡為主，另有些可搭配使用金融卡轉帳、便利商店代收，或者在指（約）定的地方，進行一手交貨，一手交錢的對等服務，或許另外會有提供「貨到付款」服務，其實這是商店依客戶的要求，把商品貨物運送（傳送）至指定地點，進行一手交貨，一手交錢的對等服務，然而所謂的交錢，有可能是現金、信用卡或金融卡。

（三）個人（買賣、包租公／包租婆（員外）

大約在民國 96 年間，金融主管相關機構曾發文函請各金融機構，針對虛擬帳號申請作業乙事，要求申請人應以公司（企業）為限，但是除了公司（企業）會因為業務需求，而向金融機構申請虛擬帳號服務，期以有效提供帳務入帳、結帳及帳款清算作業之外。

其實個人方面的客戶需求亦不在少數，比如說，個人的網路開店、拍賣、房屋租賃（包租公／包租婆／員外），這

些也都是有帳款代收（代付）需求的對象，因此金融機構收到函文後，實在很難來函照辦，所以考量兼顧主管相關機構函文及社會需求，審慎辦理申請程序審查，視實際需求者作為審核準則，勿枉勿縱。

（四）資訊公司（提供系統）

傳統上，在金流業務方面經常聽說，或者經由網路查詢得知的所謂「金流公司」就是紅、藍、綠三家色彩資訊系統公司。探究其源起的主要原因，是因為資訊系統公司先自行向金融機構開立存款往來帳戶，並申請信用卡收單服務，然後再輔以自身的系統開發及服務優勢，協助客戶進行收單服務、網路商城、便利商店、虛擬帳號等，甚至於對岸的人民幣小額收款服務，此外還有提供客戶的防火牆建立及資料庫存取備份等服務，因此對於中小型的客戶，提供了諸多的便利性，無需再籌劃一整組資訊人員及架設軟硬體設備，節省了人力及物力的開支成本，因此成為了「金流業務」的代名詞。（圖 1-8）

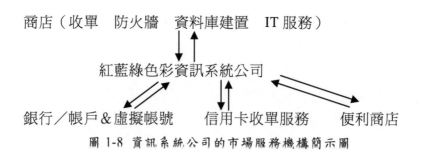

商店（收單　防火牆　資料庫建置　IT 服務）

紅藍綠色彩資訊系統公司

銀行／帳戶＆虛擬帳號　信用卡收單服務　便利商店

圖 1-8 資訊系統公司的市場服務機構簡示圖

　　但是為何金流服務業務的提供者，不是金融機構，而是這類金流資訊系統公司呢？

　　其實除了前述的系統服務優勢，主要是因為金融機構的各項業務分工太細，常常會有任一項客戶的業務需要，都要金融機構跨部門溝通，這或許是建置在於分工專業化架構之下的結晶，但是往往跨部門的溝通才是「大代誌」，所以常常會有人說：內部溝通作業，反而比與客戶的業務開發溝通還難！有時候溝通時間更加冗長，而且常常會發生客戶充當金融機構的內部部門間的協調者，真的是困難的金流合作案。

　　這樣的資訊系統公司之所以會成為金流業務的代名詞，是因為該類型公司首先以自有的資訊系統強項為核心，再輔以硬體的資料庫提供，還有金融機構的服務後盾（如表 1-5）。開立存款帳戶方便金流入帳，申請信用卡代收享受「次特店」信用卡代收業者利益，亦即是招攬需要申請信用卡代收的商店，協助彙總以「次特店」方式向受理的金融機構共同成為一大戶 ── 信用卡特約商店，金融機構撥款 5～7 個工作天，「次特店」撥款給商店卻為 30～45 個工作天，資金收益佳，此外「次特店」支付金融機構刷卡手續費率為 1.8%（或更低），而商店則負擔 3～8% 的費率，就好像是孔明借箭，盡享利益的利基產業。

表 1-5 **資訊系統公司的金流服務內容示意簡示表**

	金流服務項目
資訊系統公司	使用便利商店進行代收款服務
	使用金融機構（金融卡/信用卡）進行代收款服務
	網路商城建置
	防火牆建置
	資料庫建置
	人民幣代收款服務

（五）其他（醫院、商城、發卡、遊戲業者、儲值卡（實體／無實體）

　　資訊科技的蓬勃發展，創造了網路交易的活絡化，沒有了國界，也少了時差上的引響，任何人在任何時間裡，都可以瀏覽及使用各種公開性的網站，並進行交易的媒合。一開始金流交易主要以信用卡及實體 ATM 轉帳或匯款交易為主，後來網路即時扣款交易型態盛行，除了原有的信用卡、實體 ATM 轉帳及匯款交易外，網路 ATM 即時服務、儲值卡交易、手機小額付款等及其相關衍生交易型態，一再地朝向人性化的服務導向邁進！

　　商店為了商譽及客源的不斷提昇，多有規劃企業識別卡或者說是會員卡（認同卡），提供客戶上門交易的商業促銷手法。除了部份會員卡為紅利、集點及折扣等功能外，很多商店流行發行兼具儲值功能的會員卡。發卡是大家（商店）都愛，只要規劃後印出小小的塑膠卡，就可不斷地接受社會大眾持卡者，不斷地匯入款→消費→匯入款→消費…自然行銷生態活現！這就是為何個個商店及金融機構，都想要發卡，分杯羹吧了！

　　以前要到醫院看診，都需要先去大排長龍地排隊掛號，然後是再轉戰到診間繼續等，看完診後還要再一次大排長龍地排隊繳費...粉累！後來電話語音及網路上網服務開通，的確減少客戶的掛號等待的時間浪費。到了近幾年，除了掛號外，其餘的看診流程還是要耗費許多時間（每次看診時間至少1至2小時）。

　　民國96年間，隨著雲端資訊科技的萌芽，台灣也逐步引入應用，或許是首次（還是較大型）的應用在金融市場上，醫療院所上雲端，金融機構洽詢資訊系統廠商，共同協助醫療院所（如桃園敏盛醫院經國院區）架設「自動掛號暨批價系統（KIOSK）」（如圖 1-9），提供客戶自行使用機器辦理掛號後，直接到指定診間就診，接下來再使用機器辦理批價（金融卡或信用卡），然後藉由機器直接產生的醫療收據及領藥單，到領藥處領藥即可快樂回家。

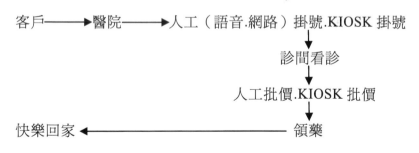

圖 1-9　自動掛號暨批價系統流程簡示圖

　　以往想要開門作生意，都要多經深思熟慮到處奔波，找尋適合的地點開市大吉，現在資訊活絡，消費者的意識強烈，

網路化的交易盛行，任何一般人想要在網路開個「小舖」作生意，似乎已經沒有門檻限制了。然而商店如果也想要架設網路商城，那可就要多些功夫了！

　　商店想要作網路生意，在架構網路商城的過程（如圖1-10），首先，商店應該先評估架構網路商城，是自行籌設還是委外洽辦，這個問題的考量重點在於商店是否有具備資訊能力的人員（或部門），或者是花點銀子找專業資訊系統公司，架設網路商城、資料庫管理及防火牆一次搞定，網路商城的架設完妥後，選擇搭配合適的金流工具，這個議題或許會覺得應該愈多愈好！其實適度的選擇與安排才是最符合效率的規劃。比如說開放金融卡、信用卡、儲值卡、匯款、轉帳…等等，看似輕鬆如意，但實務上各種不同的金流工具，都是增加清算交割管理上的負擔，因此在網路商城草擬初步開店者，應該是選擇足夠的金融工具即可。

商店 ➞ 自行/委外 ➞ 網頁規劃（商品.價格.美工.防火牆.客服.購物車）

　　　　　　　　　金流架設（金融機構.資訊系統公司）

帳務清算 ⬅━━━━━━━━━ 金融機構　收款帳號

圖 1-10　網路商城籌設的簡示圖

　　談到發卡（發行儲值卡）還真的是每家商店都會想要承作，推究其原因，主要是發卡效益誘人，包含儲值金額的資金零成本收益、儲值卡的企業識別標誌與宣傳、儲值卡的卡片發卡收益，還有限定消費使用的功能設置，有推升商店業

績成長等優勢。這也難怪，常常會有商店想要發行儲值卡。

　　但是儲值卡的發行不單單只是印製卡再貼商店的 LOGO 就好嘞！一開始還是要先行決定是要商店印製，還是選擇向金融機構提出申請（如圖 1-11），如果是採行商店自行印製（發行）儲值卡的話，則該筆儲值金額將存入該商店指定的金融機構存款帳戶中，至於該筆儲值金額的安全性規劃議題，則視商店在發行儲值卡的設定有所不同，有些採行信託資金保管帳戶，有些是採行向金融機構申請履約保證形式，當然也有些採行律師出具公證書函，或者是就來個信心歸戶，資金直接存入該商店的存款帳戶，客戶的向心力帶來無限的生意財源。最後這種經營形式事必是經營良久的商店，坐擁十分優良的企業商譽，一定不是一般（或草創商店）可採行模仿的。

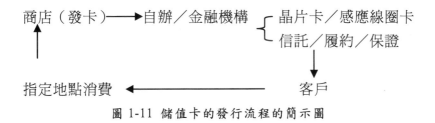

圖 1-11　儲值卡的發行流程的簡示圖

　　如果是向金融機構提出申請發行儲值卡的話，則這張儲值卡基本上仍然是屬於（等同）一般的金融卡，只是卡片的正面可以依商店的要求，自商店（或洽商金融機構）設計商店的 CIS 圖案，而該配合的金融機構的名號則會出現在卡片的背面，就好像具認同卡功能的信用卡卡片一樣。而儲值卡

的全數金額將存入金融機構的帳戶，至於存款帳戶的戶名，則視該筆資金是否有申請簽立信託合作契約，還是僅止於商店採買金融機構所發行的儲值卡，要求儲值卡卡面正面貼印商店的 CIS 圖案，但是這樣的儲值卡的資金收益，全數都屬於發行的金融機構所有。

除了實體發行的儲值卡外，想必也會發現網路業者也有發行類似的儲值卡形式。前幾年，有位以往很具知名度的藝人，自行上網玩線上遊戲，後來向警察局報案，「金幣」被偷了！這很有意思，因為這所謂的「金幣」似錢而非錢，因為這是在該遊戲網站所擁有（使用）的計價單位。然而會稱之為有類似金錢的意思，即是因為客戶在加入該遊戲網站時，因為客戶想要使用（消費）網站提供的產品或服務，所以自行依網站所指定的加值方式，進行資金存入網站所指定的帳戶內，然後立即產生兌換的「金幣」後就可以使用了。

而所謂的「金幣」被偷了！其實就是因為使用者的密碼被第三人，不當侵入並將「金幣」轉出至其他人的帳戶內了。雖然「金幣」不是實質的通用貨幣，但是不當侵入他人所有的網路系統資料庫中，並搶取他人的財物，似乎仍然有觸犯民法的侵權行為及防害個人秘密等嫌疑，當事人不得不謹慎！三思而後行。

第三節　第三方支付業務

民國 102 年 7 月間，適逢金管會主委奉命更換，當時剛

好有起重要會議「第三方支付」即將召開會談，擬與中國的金流系統進行相關性的連結，首次開放的金融機構有 7 家銀行，此等重大議題會議因金管會主委易主，而納入政治新聞的要聞之中，然而為何「第三方支付」如此重要呢？

「第三方支付」，這是一個既熟悉卻又好像有點莫生的名稱。這幾年間，似乎經常出現在一些金融相關報導上，或者是金融政策或工具的討論議題中。其實，「第三方支付」主要是因為兩岸三地通商趨勢朝向開放與合作關係密切，所以這樣名稱會被審慎的提出討論。「第三方支付」基本上就是甲乙雙方進行任何形式交易時，委請第三者代為協助付款的交易模式。但是廣範地說，應該包含交易及轉帳型式等相關交易。（圖 1-12）

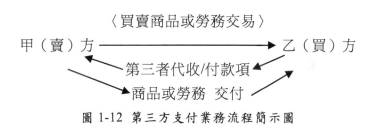

圖 1-12 第三方支付業務流程簡示圖

說到「金流」，有人就想到紅、藍、綠 3 家色彩資訊系統公司，但談到「第三方支付」則大部份的人，應該都只會想到「支付寶」，但是幕後的資訊系統公司則知道的人就不見的很多。至於「支付寶」則是已成為「第三方支付」的代名詞！！或許這些年來，在各式各樣的書報雜誌及新聞中，或多或少已經有些瞭解，此時另以「金流業務」角色，試圖

探索如后。

　　承如圖 1-12 所示，「第三方支付」即是協助交易雙方進行「金流」業務，至於「金流」的原始來源是由實質交易或單純轉帳，這些都是常見的使用目的。近年來，「支付寶」除了前述的交易或轉帳的「金流」外，另外推展出基金投資及小額信貸業務等，搶奪金融市場大餅意圖十分明顯。

　　至此，似乎會發現「第三方支付」應該深具發展潛力，而且金融服務項目亦逐步增加，在中國的「金流」及金融市場中，已占有十分優勢的地位，正因此該等龐然大物魔手進行台灣，的確十足讓金管會及各家金融機構，嚴正以待不容忽視，但是「第三方支付」引入適合嗎？有沒有商機？有何風險應該多注意的呢？

　　中國「第三方支付」的發展，係因為有家深具宏觀遠景的資訊系統公司 —— 阿里巴巴，創立了「支付寶」金流交易平台，還有「淘寶網」購物網站。其中「支付寶」係由資訊系統公司自行籌擬規劃產生的金流平台，發啟之初應該不具有任何金融機構背景，後來或許因為中國的金融市場嚴謹，有諸多的限制，這樣的金流平台逐漸讓客戶有方便性的金流空間，再加上民風純樸的信賴感加持，金流平台逐步擴大。接下來的人際、金融機構及主管機構的緊密連結與溝通，金融機構陸續加入「支付寶」的金流平台服務行列，所以成就了現在的「支付寶」。（如圖 1-13）更加有意思的是，在 2011 年 5 月 26 日支付寶獲得中國央行識別的「非金融機構電子支付牌照」識別，支付寶的金流地位角色更行確立。

圖 1-13 支付寶的發展歷程簡示表

年度	支付寶的發展歷程
2003 年	淘寶網上首次推出支付寶服務
2004 年	建立以「信任」為服務的核心 中國各大商銀及郵政與 VISA 國際組織共同深入合作
2005 年	推出支付寶卡（記帳卡） 推出 e 郵寶電子商務物流事業
2006 年	進行全球品牌異業合作行銷
2007 年	拓展海外業務，提供合作網站的外幣交易 啟動「支付寶信任商家」的交易記錄及信用情況查詢、結盟網路遊戲商店
2008 年	榮獲全國「使用者喜愛的第三方支付品牌」 獲得「中國保險企業優秀支付解決方案提供商」的稱號
2009 年	2008～2009 中國第三方支付年度成功企業
2010 年	註冊使用者正式突破 3 億
2011 年	註冊使用者突破 5.5 億、日交易額超過 25 億元人民幣（交易筆數 850 萬筆） 獲得央行識別的「非金融機構電子支付牌照」識別

　　中國金流交易平台是屬於由下往上的經營模式（表 1-6），或者說是由資訊系統公司起草，然後金融機構再加入服務行列，並申請金融主管機關進行法規面探討及研擬開放作業規定；然而台灣的金融市場是要依主管機關的業務相關規劃，方得以進行業務營運，其中金流交易更是需要有相對應的法源規定，否則應該過事前申請主管機關准核後承作。

表 1-6 兩岸「金流」業務的規劃及執行面比較表

	中國	台灣
金流業務發起	「支付寶」	金融主管機關
業務發展途徑	由下而上	由上由下
業務彈性	極大	有限

服務機構	淘寶的支付寶、上海環訊、北京首信、雲網支付、網銀線上、貝寶、快錢、安付通、財付通、首信易、安心付…	金融機構、財金、票交所（ACH）、財宏、宏碁、網勁、智邦、紅藍線…

註：兩岸的政治化名稱（如國家別或區域化），不在本書中過度深入及討論。

　　在業務彈性方面，或許應該說中國比較具有這方面的優勢，因為中國的金融市場屬於較深層控制的管制型經濟，所以金融市場應該相對比較封閉，但是或許正因為這種特性，只要在擁有市場利基及充裕的社會關係之下，任何可以成功掌握市場的企業，經過「社會賢達的大力推廣」，逐步會有中大型企業集團及金融機構共襄盛舉，此時目的事業主管機關亦會配合討論並可能因此而予以正名並立法。然而，台灣的金融體制發展完整嚴謹，金融機構的任何營業項目均應相關法規辦理，如果有不盡相同之業務，亦應事前向主管機關申請核准生效。所以，台灣的業務發展需要較多的議定、討論及溝通，最後才會有新商品或新法規（修定）的頒定施行，彈性程度稍顯較不足。

　　在金流服務機構方面，其實兩岸都有諸多的從業先鋒，但是台灣則首以金融機構主體，並有政府相關金融業務主管機關加入輔導帶領，而續有系統資訊公司分食金流市場。但是中國方面，則係由系統資訊公司引導金融業務的創新與拓展，再由官方加入備援行列，所以銀聯線上與網銀線上僅屬少數具有官方背景的金融機構，其他均以民間的系統資訊公司為業。

第二章　金流的工具與業務應用

第一節　金流的工具

可以使用在金流交易流程的工具很多，單單金流的發行機構就包含有便利商店、金融機構、儲值卡發行公司、禮券發行公司等。（表 2-1）而金流的工具更是千奇百怪，比如說便利商店代理收款及儲值卡發行與使用、金融機構的臨櫃客戶服務及信用卡工具、儲值卡公司的本業及異業合作的消費使用、禮券發行公司的集合眾家商店的聯合消費...等等。

表 2-1　金流的通路及工具

金流的通路及工具	相關內容
便利商店	書面繳款、帳單機（如 i-bon）、儲值卡（如 i-cacsh）
金融機構（銀行）	臨櫃、匯款、ATM、ACH、網銀
信用卡	POS、EDC、網路刷卡、郵購、ACH、VISA-3D
儲值卡	捷運卡、商店
紅利集點卡	商店（實體/無實體）（如 HAPPY GO）、銀行
禮券	商店（實體/無實體）、（涉及信託、履約/保證、責任保險）
金融工具	債券、票券、外匯、證券、衍生性商品、基金、保險...
其他	外匯兌換、貴金屬、收受寶藏品、地下金融

（一）便利商店

　　近 20 年傳統的雜貨店，逐漸被連鎖經營的便利商店取代，在大都市中，或鄉鎮市區內的主要道路精華商閣，亦被這些大型連鎖企業集團攻占，市場進行經營績效及服務品質的熱烈激戰。現在主要的連鎖便利商店為統一、全家、萊爾富及 OK，俗稱四大便利商店，合計開業家數約為 9 千家，其中統一占一半，全家占 4 分之 1，其餘為萊爾富及 OK。另有一家近年逐步出現在消費者的選擇之中，但開業地點並未選擇在十分顯眼的主要幹線路口或三角窗，而是開設在一般社區公寓排樓中的一樓，真的不顯眼，或者可以說是傳統雜貨店的重生，就好像是聯盟形成連鎖店的經營模式，這就是「美廉社」，家數正邁向千家之林。

　　「擁有通路，就擁有市場！」便利商店問鼎中原的野心昭然可知。

　　不論是公用事業費（水、電、瓦斯）、電信費、稅款、學雜費或信用卡款⋯等等，大都會以就近及方便的便利商店為首選。搶食了以金融服務為業的銀行飯碗，據悉在民國 98 年度的代收手續費，四大便利商店的合計金額約為 40 億元，這都是屬於無風險的純收益，另有還有代收款項的資金收益，才是更加驚人。

　　比方說，現行學雜費代收手續費約為 10 元（小學 6 元／國中＆高中 10 元／大專 15 元／20 元），其中除了代收款項的金融機構合理分潤 2 到 5 元外，大部份的血肉盈餘全都納入便利商店的營業收入中了。還有依規定便利商店每月 5、

15 及 25（逢 5），才進行撥款與各合作的金融機構，自客戶在便利商店臨櫃繳納代收款項算起，大約 10 天才會撥款到各合作的金融機構。

　　近些年來，便利商店的代收服務，改變以往的靜態代收模式，從僅能服務手上有帳單的客戶，到了現在，提供客戶更加便捷的代收服務，同時推出帳單查詢及列印帳單的服務機台（KIOSK），此外還推出了類塑膠貨幣型式的儲值卡。再加上網購或電話訂購交易模式，提供網路購物客戶亦得選擇到指定便利商店的分店，臨櫃取貨同時辦理付款手續，提供客戶的多重金流與物流選擇方案。

（二）金融機構（銀行）

　　依據金融控股法第 4 條第 3 項的規定，金融機構係包含銀行、證券及保險三大事業群。但本書為求方便分析金流服務，故將三大事業群分別列示討論，而書中所提及的金融機構係採用舊法案的定義，僅包含銀行、信用合作社及農漁會機構等為主。

　　客戶使用銀行的金流服務，不外乎臨櫃、匯款、ATM、ACH（授權收／扣款）全國性繳費及網路銀行…等等。自有銀行產生以來，似乎銀行就扮演著社會公器的要角，主要有三大業務－存款、放款及外匯。後來因應社會的需求增加，及科技的發展，銀行賦予了更多的使命，除了原有社會安定的公器主角外，還要提供更多便捷及安全的金融平台。

　　客戶臨櫃的交易主要有存款（活存及定存）、匯款、支票（票據）往來，近年來臨櫃繳款需求越來越多，舉凡公用

事業費稅、學雜費及信用卡費等都是客戶經常委託代收的項目，此外代理收款（代收）業務外，代理付款（代付）業務亦不少，比如說股票股利的發放、保險給付、薪資／獎勵金的發放及會員／廠商退款作業，這些都是主要的代收／付業務的主要客戶對象。

ATM（自動櫃員機）基本上的定義，只是客戶使用自動化設備進行存／提款及轉帳功能，後來逐步增加了費稅轉帳繳款功能，而這種繳款功能即是全國性繳費稅業務。除了實體 ATM 外，網路族似乎在進行網路交易時，也發現諸多的應用，比如說網路銀行的轉帳及匯款功能、網路購物的付款交易畫面及捐款等付款交易功能等，應用範圍非常大。（如圖 2-1）

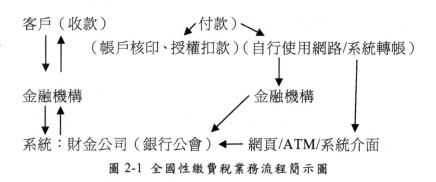

圖 2-1　全國性繳費稅業務流程簡示圖

而 ACH（Auto-Clean House）這就是所謂實體票據交易業務，進化轉型為無體票據交易業務。傳統上，客戶都是使用票據進行交易的媒介（如圖 2-2），這種交易模式的好處就是可以一手交貨一手交錢（票據）。但是這種交易行為雖

然具有銀貨兩訖的模式,可以卻有諸多有心人假以票據的交易便捷,行詐騙或不實舉止,讓交易對手及無辜的第三者深受其害。因此票據法規及操作模式逐步修改進步,直到 ACH 的產生,真可謂為「實體票進化為無體票的交易模式」,雖然仍然無法全面式取代,但是卻已經逐步受到的廣泛的應用與肯定。

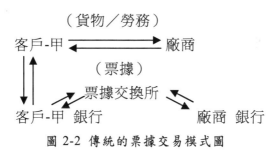

圖 2-2 傳統的票據交易模式圖

　　比如說,以前證券配發現金股息時,需要事先向銀行申請一大箱(或更多)的連續支票,以因應一年一度的股東大會決議配發股票股利作業。還有保險公司理賠給付及業務人員的獎勵金發放業,尤其是直銷業者更是喜歡發放實體支票,一方面可以作為業務同仁招攬新進同仁的炫耀工具,另方面省去要求每位業務同仁在指定銀行開戶的麻煩。當然稅款的退款支票,亦逐步改為帳戶轉帳。(圖 2-3)

　　除了前述的代付作業外,代收作業亦不少。如學雜費、捐款、稅款繳納、信用卡款、公用事業費及工(公商)會員費等等。只要系統建置及設定完妥,輕輕鬆鬆就順利且正確完成,不但如此,交易完成後,理當報表亦應可以同步設定

完成，這才符合人性化。（圖 2-4）

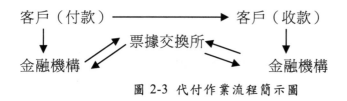

圖 2-3 代付作業流程簡示圖

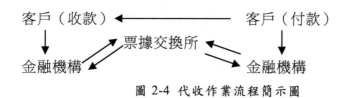

圖 2-4 代收作業流程簡示圖

　　近十餘年來，金融機構為提供客戶更加便捷的金融服務，不斷地推陳出新的研發網路銀行的服務功能，從簡單的存款轉帳、查詢、轉帳，到現今已包含有台／外幣存款業務、匯款、基金、證券、各項費稅及信用卡繳費等等，所費不輕。其中有關跨行繳納各項費稅及信用卡繳費等項目，即為全國性繳費稅業務服務的內容。網路銀行業務服務的本質上，係主要以自家的客戶為對象，但是如果是客戶有網路商場的金流服務需求的話，網路銀行即是一個已經籌設完備的利器。（圖 2-5）

客戶（個人戶）　　　　　　　　　　　網路商城
（各項存.匯.基.證.費稅）（網路交易）媒介:網銀.ATM.MOD.電話

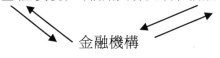

金融機構

圖 2-5　網路銀行的服務簡示圖

（三）信用卡

　　開卷有益，貨幣銀行學上所稱貨幣的功能有三：容易儲存、價值保存及方便計算。所以有人稱「信用卡」是一種塑膠貨幣。或者應該說是兼具個人信用的展現及遞延支付的功能吧！

　　信用卡的使用範圍很寬，舉凡實體、無實體商店、分期付款消費等，都是主要以使用信用卡消費為大宗，正因此，所謂的金流工具，或許大多數人也只是想到信用卡吧了。其實這也是歷史因素使然，以前消費者在商場消費習慣大都以信用卡為主，除非現金付款之外，金融卡刷卡消費的情形不多見，而且網路交易款項交付亦多以信用卡以主。此外，信用卡的遞延支付功能真的頗受消費者愛待。在網路上的交易行為，很多商家亦直接表明只接受信用卡刷卡交易，銀貨兩訖，交易單純。

　　信用卡消費的機台使用介面有 POS、EDC、網路刷卡、VISA-3D 及郵購等型式。從傳統的人工刷動拓印搭配人工寄送消費刷卡單，到磁條或晶片刷卡搭配系統上傳消費記錄，現在網路刷卡搭配系統自動清算連結，一次搞定，好不輕鬆！

　　信用卡的刷卡過程很單純不複雜（如圖 2-6）。在實體

商店裡，只要在交易過程進展的後期，商店使用消費者的信用卡，在商店合作的金融機構所提供的刷卡機台，進行刷卡（磁條）／插卡（晶片）信用卡，刷卡授權接到後，商店會交付刷卡交易手續給發單銀行同時進行請款作業、提供發票（收據）及商品（勞務）予消費者，完易完成。其中刷卡交易手續，有些需要簽名，有些則是在約定的金額範圍內（如3,000元）免予簽名，或者是在使用特殊消費（如加油）時，免予簽名。此外，亦有非接觸性的感應刷卡方式，如 VISA PAY WAVE 信用卡即是，交易方式在外觀上與悠遊卡類似。

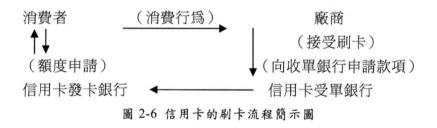

圖 2-6 信用卡的刷卡流程簡示圖

　　市面上的信用卡看起來好像差不多，但是實際上來區分則有些許的不同（如表 2-2）。從最傳統／古老的品牌創始信用卡，即是磁條信用卡，這個消費交易方式很具特色，單單交易的刷卡模式就有好幾種，從一般常見的刷卡機側邊有直凹槽可以刷卡外，似乎也有人使用人工的刷卡機，將信用卡放在一台像似小小卡車的機台上，同時放一張手掌心大的三聯自動複寫式刷卡單在信用卡上方，再使用左方的手握桿用力向右刷過刷卡單上方，即可出現信用卡上的凸字被拓印在刷卡單上了，消費者只要在右下方簽名，而商店再核對本

人使用及簽名無誤，交易即告完成。但是偶而出外時，因爲這種人工刷卡機有點大，攜帶有點不方便，所以也有很多人，將刷卡單直接覆蓋在信用上，單單使用一隻原子筆在上面「刷刷樂」，同樣可以拓印完成。這種交易方式很簡單且操作方便，還有可以確認本人及信用卡上的簽名，而且還可以立即電話聯絡信用卡收單銀行，進行刷卡交易授權作業，如果有任何問題還可以請客戶直接與信用卡授權人員溝通。

表 2-2　信用卡的交易型式比較表

類別	消費交易方式	交易模式性	安全性	方便性
磁條信用卡	磁條	有（無）刷卡機	可	可
晶片信用卡	晶片	需有讀卡機	佳	低
感應信用卡	感應	需有感應機	可	佳
網路信用卡	輸入	需建置網頁	低	佳
加值信用卡	系統自動	系統設定	可	佳

而晶片信用卡當然就是在信用卡鑲了個晶片，就好像晶片金融卡一樣，交易時需要使用晶片讀卡機讀取，完全性很高，因爲晶片就好像是一張隨身攜帶的金鑰，使用時方才可以進行認證消費，而交易資料均詳細儲存在主機端，資料傳輸時有完全加密及專線連結，所以第三人從中竊取資料的情形較不易。但是因爲需使用即時連結主機，所以交易時間較爲多了些。

感應信用卡就是要消費者很方便，不用花時間等待，尤其是加油時下雨，或趕時間，還是購物時很多手中滿滿的物品…等等。這都是感應信用卡貼心的服務，「就甘心耶」！

網路信用卡是網路交易不可少的極重要角色！網路族在

網路選購商品或勞務時，當然最需要的就是交易方便且即時。但是因為網路上的交易無法有面對面的核驗，其實最大的風險就是「偽卡」假交易，或者是否認交易，這常常令商店血本無歸！近年來網路商店為了預防這類交易風險，所以在會員加入時，有些即先有信用卡卡號資料鍵入，及會員資格審核作業，這樣才可以在交易時再次驗證，期以確保交易的真實性，及交易金額的收回等。此外為了交易更加安全，另外有出現了 VISA 3D，這是網路商店先行洽詢信用卡機構申請架設在交易網頁中，消費者在使用信用卡時，除了信用卡卡號及有效期日資料鍵入外，還要像晶片金融卡一樣，先預設一組密碼，於信用卡交易時同時輸入。這樣才可確保商店一定可以收到交易金額，避免不實交易的發生。

　　坊間的加值信用卡大部份都是用在悠遊卡、小額消費（如軟性飲料店）及高鐵車票等，這些商店先行向信用卡機構申請業務合作，當消費者申請到這種「聯名信用卡」時，這張信用卡除了具有一般信用卡的刷卡額度外，另外有開啓電子錢包功能，當消費者在指定的商店進行消費時，即可使用此電子錢包內的金額進行消費，但是只要金額低於預定的額度內（如 100 百元），系統立即會啓動自動加值服務（如 500元／每次），同時信用卡亦會增加一筆加值的消費款項，如此一來，可以方便消費在進行消費時，省去金錢上的直接取用，及攜帶金額不足還要特地去找 ATM 領款再來排隊消費的麻煩。

　　此外，當每次的加值金額仍不足以支付當次消費金額時（如購買高鐵車票），系統會依據原本預定的加值金額再次

加值，直到加值後餘額足以支付該筆消費為止，這樣子才叫做「甘心」呀！

　　同樣是感應式消費，哪信用卡與悠遊卡的差別為何？

　　簡列示悠遊卡與信用卡的比較表（表 2-3）。悠遊卡的交易資料是儲存在該張卡片上面，所以可以離線消費使用，因此偽卡的風險較大。感應信用卡的交易資料仍然是採行主機連結模式，進行預定的小額消費範圍內，系統自行授權消費。而晶片信用卡則是採行類似金鑰模式，同樣是進行主機即時連結模式授權處理。因此可以信用卡的即時連結主機的驗證模式交易安全較佳，但是正因此交易時間亦需付出較多！

　　近期悠遊卡公司另為了搶占網路的交易，已經逐步發展晶片悠遊卡，未來法規開放可以再度跨業交易時，即可馬上分食網路的交易市場。真的是不可忽視！！

表 2-3　信用卡與悠遊卡的比較分析表

類別	消費交易方式	交易模式性	主機連結	安全性
悠遊卡	感應	需有感應機	離線交易	低
感應信用卡	感應	需有感應機	連線交易	可
晶片信用卡	晶片	需有讀卡機	連線交易	佳

註：此處之悠遊卡係指線圈形式的悠遊卡片，而後期改進之晶片悠遊卡功能則類似晶片信用卡一樣，只不過是兼具舊有的線圈（感應）及晶片二項合併功能的優勢。

（四）儲值卡與紅利集點卡

　　在談過信用卡的悠遊卡的交易異同後，不免會有涉及商

店儲值的功能服務，然而儲值卡又是如何呢？

　　一般而言，儲值卡可以區分有商店或金融機構發行，且屬於實體或無實體卡片型式。

　　近些年來常常會接到各方人馬的來電，洽談有關發卡的問題；由於發卡的好處多多，所以大家都來搶錢了！然而發卡的好處有哪些呢？一來可提昇發行者的知名度及客戶消費使用率，二來還可擁有一筆可觀儲值金餘額的資金收益，全都是無息無負擔的！難怪很多商店都想錢想瘋了，拼命來發卡！

　　商店發行的儲值卡，因為目的事業的主管機構是經濟部，所以與金融機構所屬的主管機關是金管會不同，當然法規面也跟著不一樣。金管會針對儲值卡有特別函文規定，不論任何形式之儲值卡，均符合本規定之制定範圍，儲值金額上限為一萬元。雖然商店發行的儲值卡未有明文限制儲值金額上限，不過實務上亦以一萬元為上限原則，且商店發行之儲值卡僅可使用發行者之事業體內，不可以跨業使用，儘管是企業集團內的他種事業群，亦不得流通使用，除非事先申請金管會核准授意！

　　比方說幾年前悠遊卡公司洽商便利商店，進行業務合作，消費者可以使用悠遊卡進行店內商品消費，經申請金管會酌量便利商店的使用，是所謂一般消費性的行為，故予以核准異業合作。但是有關消費者常常會到便利商店，繳納學雜費或公用事業費稅等等，因為非屬一般消費性的行為，故予以排除未能一併納入適用。（圖 2-7）

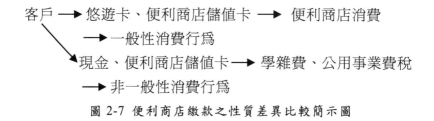

圖 2-7 便利商店繳款之性質差異比較簡示圖

　　有關記名與否，其實不是什麼大工程，但是因為儲值卡發行者，基於利潤極大化，費時費力極小化原則，往往不加入此項功能！反正只是小額支付呀，就算儲值滿額的上限也只有一萬元，風險應該還好！更何況這種小額消費的儲值卡，會有多少消費者加值金額數千元，或接近一萬元呢！？但是記名這項功能其實只是是否開放而已！此外，記名功能的另外考慮是，確認、開卡、記名、查詢、遺失補發、記名者資料歸戶等等問題，這才是發行者傷腦筋的，因此似乎應該選擇性的開啓本項記名功能，而不是所有儲值卡均要有記名功能，這真的不符合經濟效益。（表 2-4）

表 2-4　儲值卡的類別比較表

發行機構	商店	金融機構	信用卡機構
型式	實體/無實體	實體	實體
額度	一萬元	一萬元	一萬元
主管機構	經濟部	金管會	金管會
安全性	低	高	高
用途	限定使用	無限制	指定商店
記名	可	原則上無	可
產業限制	不得跨業	無限制	合約限制

　　儲值卡除了金額，或類金額的型式外，也有僅止於紅利集點（儲值）卡的發行業者（如 HAPPY GO），提供消費者於合作商店進行消費時，結帳付款同時出示該商店的配合紅利儲值卡，如此一來，消費者除仍可以享受信用卡的遞延支付優點，還可以獲得紅利點數，此紅利不但是可以累積，還可以享有特定合作商店的消費折扣、抵用或無償兌換，好處多多。

　　儲值卡的應用功能很廣，當然不是只有前面提及的幾種型式即可包含全部，但是儲值卡的功能與應用大抵類似，原理原則相當，只是發行的型式差異吧了！

　　網路業者也愛發行儲值卡，不論是購物商場，還是遊戲業者，都愛！！先前曾有提及，資金收益及消費者的限定消費與強迫式銷售，這就是企業識別的他種型式！近來有此業者規避了可能的法規模糊風險，雖然未有向金管會申請異業合作共同行銷，但仍找尋了類似的相關產業（網路業者），進行業務共盟。比方說，有家帥先推出搜尋引擎的網路頁者，頃者出售了交友網路給了 XX 公寓，提供消費者可以儲值增加「金幣」，消費者可用於成級為白金卡會員、送好禮、公寓裝潢等等功能。亦結合了其他網路商場網路，可以流通使用該儲值。這種只結合了非本業商場，這樣是對嗎？

（五）禮　券

　　禮券的型式大抵上可區分為實體禮券及無實體禮券。而實體禮券則不僅限於書面紙張型式，有的也有塑膠材質，或塑膠（會員卡）等等看得到摸得著的實體有價商品。無實體

禮券係包含網路會員卡或商店內部網路記帳卡，雖然無法直接觸碰得到，但客戶仍然可以藉由網路或電洽商店，依規定的方式及時間進行查詢得知，甚至於有些很體心服務的商店，也會定期或不定期提供客戶消費交易及禮券餘額查詢。

發行禮券的目的，基本上與發行儲值的相同，都是鼓勵及刺激客戶增加消費，期以擴大營業收入。

但是禮券的發行，絕對不是單純的找企劃來創意、美工製圖、文宣廣播、廠商列印及名人代言而已。實體禮券的列製亦有諸多注意事項，比如說：發行日期、有效期限、禮券金額、使用範圍、防偽規劃、發行機構、保證或履約規劃、記名／不記名、發行機構聯絡對象及地址電話等。

這項業務深深的涉及客戶信賴度與安全感，正因此會有關於信託履約、責任保險、保證函、安定基金及保險等金融業務。（表 2-5）

表 2-5　禮券發行所涉及的金融業務比較表

類別	考量內容
信託履約	禮券發行量的一定比例範圍設置信託專戶，進行該範圍內的履約責任
責任保險	籍由產物保險商品的申請，提供客戶權益的第三人責任保障保險
保證函	使用金融機構簽發保證函，提供客戶在一定限額及期限內安心保證
安定基金	特定為禮券預計或實際發行量，規劃一筆專款專用的安定基金
保險	除禮券發行金額的責任保險外，另外亦可善用保險商品如綜合責任保險

信託的設立目的區分有自益、他益及公益，而信託的成立

宗旨則爲資金委託第三人，進行公允的保管與處置，期以有效確保該資金的權益，遵遁信託契約來增加資金的衍生效益。

　　各個行業務的信託履約上限有所不同，有些以資金金額的七成爲上限，有些則爲十足的資金金額對等的信託履約上限（如殯葬業）。但是所謂的十足金額是什麼？是商店所傳送到信託機構的資料的總金額，還是商店的實質交易資料的總合計數？似乎難以定義！

　　因爲即使是商店的系統開放予信託機構進行連結，或提供後台帳務清查的系統權限功能，這都是無法全數能取信於信託機構（或金融機構）的，因爲系統的架構是可以妥適安排及規劃設計的，信託機構雖然是擁有後台帳務清查的系統權限功能，但是這些可查詢的相關資料，就是該信託標的的全部嗎？真的有些疑慮，除非是商店向信託機構（或金融機構的可信賴公開機構）申請使用信託系統，並將客戶交易資料全數（逐筆）資料上傳至系統中，亦即是仰賴信託機構的信託系統爲商店的後台交易系統，此時，信託機構對於自家的系統資料，提供十足且可信的信託履約保證，客戶亦得進行查詢。

　　此外，由於信託契約的簽立後，商店爲了取信於客戶，往往會大張起鼓地宣傳其交易的安全機置，此時更應該多加注意前述的信託履約風險！不要在發生信託履約請求時，才發現交易資料總金額遠遠大於信託委託金額，這可就困窘了。

　　餐廳用餐、買拌手禮、補充健康食品等等時，都會發現商店有載記「木店（商品）已向 XX 保險公司投保責任保險 XXX 萬元」的文義。這就是如同申請信託履約一樣，對客戶

具有信賴度加強的功效。而且責任保險的費用遠遠低於信託履約業務，因為信託履約業務，需要將全數信託金額匯入開立的信託專戶，並逐月依信託履約平約金額計算信託費用，而責任保險費用則是商店向保險公司申請所核定的費率，原則上責任保險上限及費率在保險期間內應該是固定不變的，而費率上因為責任保險與信託履約業務的區別，費率亦明顯較低，此外，商店亦可享有資金自由運用的效益，申請條件容易且簡單，因此商店申請責任保險業務較為普遍。

也有商店同樣提昇客戶的交易信心，向金融機構或商店的母公司申請開立保證函，保證該商店的交易無虞。只不過向金融機構申請開立保證函，條件嚴峻似乎難以取得，而母公司如果不是很具知名度的話，這樣的保證函真的就會讓客戶安心嗎？

安定基金的成立，這正是他益信託或公益信託的型式。直接由商店撥出一筆資金，向信託機構申請安定基金，該筆基金會依商店的委託內容有所變動，但與信託履約業務不同的是，安定基金與商店的實質交易金額沒有十足與立即的相關，所以商店的電腦系統仍然可以使用自身的營運平台系統，無需向信託機構申請信託平台系統。這項業務的缺點在於安定基金的金額上限是否足以含概全數的客戶權益、安定基金的委託金額變動權及契約有效期限問題等。然而就信託機構而言，商店成立安定基金後，事必會向客戶宣稱，此時信託基金的權益範圍確實需要審慎考量。

綜合責任保險這項業務在很多商店應該不莫生，舉凡是客戶消費糾紛、員工疏失、營運現金的收付與運送風險、營

業處所的安全機置（客戶消費時受傷或營業處所遭破壞）等。
這都是綜合責任保險的範圍。而商店之所以會申請綜合責任
保險業務，當然也是要提昇客戶的交易信賴，但是有別於前
述項目僅以交易資金為唯一的保障考量，綜合責任險則廣泛
考量客戶、員工及商店的整體營業安全。考量機制與方向不
同，但是應該比較吻合企業永續經營理念的規劃，而交易資
金的信賴安定，應該只是商店在草創初期的籌設，未來的康
莊大道思維才是長久大計。

（六）金融工具

金流是金融機構的特許的營業項目，當然金融商品中，
一定具有一定性質的金流工具。除了一般傳統的存款、放款
及進出口外匯業務外，債券、票券、外匯匯兌、證券、期貨、
衍生性商品等業務，亦是金融機構的重要經營業務。

債券及票券交易等大宗的交易係以金融同業為主，另有
大型企業的發行（初級市場）及買賣（次級市場）業務加入
市場行列，債券的每筆交易金額以五百萬元為單位倍數，票
券則視企業的需求而定，發行目的區分有具有實質商業交易
行為及融資需求，現行大都是以後者（融資需求）為多。由
於此類交易所衍生的利息收益是屬於分離課稅的，未併入個
人利息所得額範圍內，所以頗受擁有大額現金部份的存款客
戶青睞。此外，因為交易對手以金融機構為主，所以交易的
安全性高，投資期間亦可依個人的需求安排，很具彈性。而
且交易的方式不限於只有單單一次性的買賣而已，還可以進
行所謂的重疊性交易，亦即是當某甲有閒置資金時，可以買

入債／票券，接著或許是因為因應市場利率的變化，還是個人短期資金需求，進行投資規劃，進行賣出予另名投資人，至約定到期日買回並清算期間利息，這就是所謂 RP／RS 的基本交易型式。

外匯業務除了傳統的進/出口貿易外，匯兌亦是經常性的交易，近些年來，勞動力市場短缺，大量外勞引入台灣，所以外勞匯款越來越多，有的甚至於台灣臨櫃洽辦，而國外亦有人臨櫃等待，這已經是彼此間金融機構的業務合作的緊密關係，俗稱為外勞匯款。這種看起來似乎簡單的匯兌業務，其實亦包含了些許交易（作業）風險，因為兩地的臨櫃即時交易，一定涉及人員的授權匯款作業，但是只要是授權作業未落實的話，一下子的時間，錢已經由新台幣轉兌為外幣匯至他國了，如果有任何問題，資金都十分難以處理。

衍生性商品即是實質性商品交易所衍生的金融交易，亦是說掛屬原始交易的依附性質交易。期貨（futures）、遠期外匯（forwards）、選擇權（options）、換匯（swaps）這都是衍生性交易（derivatives），其他另有 NDF 及新起選擇權（exotics）。

（七）其他金流工具

兌換這個名稱基上就是指不同幣別間交換行為，如果是透過金融機構進行兌換，當然一定是符合中央銀行管轄的範圍，但是如果在法規上有兌換困難的話，或者為了求取方便性，因此有些個人（或企業）會選擇私人兌換，或者透地下金融機構進行兌換。比如說，近些來年，台商在中國（大陸）

的貿易行為廣泛，賺進了許多人民幣，可以想匯回台灣則是困難重重，即使現在已逐步開放人民幣存款及匯兌，但是開放腳步緩慢，往往跟不上客戶的實質需求，因此常常會有借助個人或地下金融，進行貨幣兌換，這種交易往往是建立在彼此間的信賴關係，交易風險難免。

貴金屬的交易金額亦是龐大，比如說黃金的每盎絲 1400 元保衛戰時，市場上據說中國大媽為了日後子女的結婚需求，大量買入黃金，與美國華爾街的放空對作！黃金是具有避險及儲值的功能，當然奢侈的炫耀功能亦占重要成份。再者，頃間有家知名法律律師事務所的一名重要主管，虧空公款三億元新台幣，買入鑽石潛逃至中國，這也是因為貴金屬的價值昂貴及具市場性，而且體積小容易搬運及收藏。

地下金融一直是令人垢病的特種行業，然而似乎又為社會的不同需要而存在著，無法有銷聲匿跡的可能。比如說個人或企業有資金週轉需求時，或許是需求時間迫切還是金額短期週轉較大些，這都是金融機構提供服務有困難的對象，除非事先申請有授信可動用的融資額度，否則臨時性的週轉額度大又急，似乎有些技術上的為難。此時親朋好友及地下金融行業，就成為了「救難小英雄」了！只是「請神容易，送神難」，往往結果都是扼腕的。

此外，隨著兩岸的經貿往來密切，台商的交易所得款想要從中國大陸匯回台灣，此時台商經常會借助地下金融管道進行資金移轉，將人民幣匯入地下金融機構在中國大陸的人民幣帳戶內，同時在台灣的指定帳戶取得約定的新台幣資金匯入款，其中當然會扣除一些交易服務費。雖然近幾年兩岸

的金融合作逐步上線，包含支付寶的資金匯出台灣，加值支付寶系統的會員資金，以及人民幣的存款與匯款業務等等，開辦初期難免金額有限、交易費高昂貴，這應該都是時間衍變的進步歷程。

第二節　金流服務的架構&應用

（一）金流服務的架構

金流服務的交易原型很單純，流程亦不複雜（如圖 2-8）。往往一開始都是以需求啓發居多，委託單位與消費者（繳費人）擁有消費借貸的實質關係，而委託單位亦覓尋適切的金融機構，締結服務合作契約，在進行完妥代收（付）款作業流程及系統配合時，可選擇適合的通路服務，建構完成後，立即可以提供代理收（付）款及銷帳等服務。

〈金融小常識 ── 通路〉

小昊今天上學時，告訴了老師，昨天已經用「虛擬帳號」繳學費了！

常常會有人問到何謂通路？

其實「虛擬帳號」只是一種協助方便繳款及入（銷）帳的工具吧了！消費者無需到金融機構開立存款帳戶，即可藉以進行資金匯款及轉帳等交易。而通路則是指消費在進行資金交付時的所接觸的實體介面（接觸點），比如說臨櫃、

ATM、網路交易、信用卡刷卡…等等。而「虛擬帳號」之所以會說是協助方便繳款的工具，因為這是特別規劃用來協助帳務交易流通方便，提供無需辦理開戶作業即可在約定的金融機構及通路，進行金流交易。然而入（銷）帳時亦同時可以使用同一組編碼，進行資料的謀合與彙整，進行藉以產生相關報表及分析。

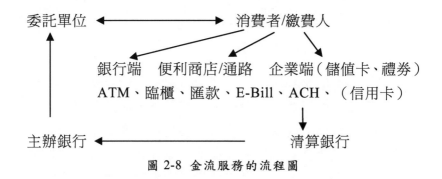

圖 2-8 金流服務的流程圖

（二）金流服務的應用

　　在談了多這麼的金流服務後，似乎或多或少可以發現，其實金流服務就發生在生活的周匝，任何舉手投足間，只要有一絲絲的資金收付，那就是金流服務的範圍。

　　隨著科技化的日形月異，第三次工業革命時代的引發，金流服務已經不再僅限於資金收付的單純任務，還有含蓋整個交易前置、處理、執行、整理（頓）等完整的服務流程，或者是更加擴大到企業的一連串營運模式（極大化的廣義意解釋）。

　　此外，除了縱式的思考方向外，其實橫式的思考衍生方

向，亦不可少。比如說社區的門禁、醫院掛號、公車的動態即時查詢、消費者的消費習慣及偏好，有形／無形的類貨幣形式的出現、虛擬化時代的誕生、雲端事業的科技，電視遙控器的應用…等等。這都是過去一步一步印，所產生的未來便利的生活型態。

第三章　通路發展與使用

第一節　便利商店

　　這些年來隨著服務至上的需求，便利商店日漸盛行。從以前所謂的五大便利商店，統一、全家、萊爾富、OK、福客多五家，後來全家收購福客多，產生了四大便利商店，總計連鎖商店約有九千家門市，其中統一約占市場一半，全家占四分之一。此外近期另有一家便利商店市場新秀－美廉社，連鎖商店約有八百家門市，主要係以社區型客戶群為主，連鎖商店位置也是沒有選在三角窗的明顯地點，反而具有傳統的雜貨店特色，甚至於店內的商品陳設，亦是依循傳統的雜貨店擺放方式。

　　前幾年，據說有家便利商店每年營業額中，代收款項的手續費收入約有 40 億元，正因此代收項目逐漸便利商店重要發展的營業項目。（圖 3-1）

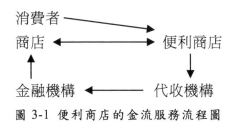

圖 3-1　便利商店的金流服務流程圖

　　便利商店在金流服務上發展，初期僅止於公用事業費稅的代收服務而已，很單純且平凡。發展中期（約民國 93 年間）逐步有意學習郵局的諸多代收服務，試圖分一杯羹，或者說是有搶食金流服務的野心，經過不斷外部廠商的合作需求的創意挑戰，加上內部討論的革新努力，終於跨出公用事業費稅代收服務的門檻，增加帳單產生（或補發）機器，以及網路等急需立即金流資訊服務者的資料即時傳輸服務。

　　最近這些年裡，便利商店的加值卡服務，原本只是很低階的加值、消費及紅利積點使用等功能而已，後來經悠遊卡的聯盟需求提出，這類大到頓化的加值卡服務，似乎有了全新的衣裳，開啓了另一片天。但是這都只是依附在悠遊卡的創意合作效益，悠遊儲值卡事業逐步在長大，而頓化的部份事業體卻因為人為的官僚組織氣息，產生遺憾！比方說，大約在民國 97 至 98 年間，早在悠遊卡產生與便利商店聯盟之前，金融機構曾向便利商店提出加值卡的效益延伸及擴大化合作事宜，可惜的是部份便利商店窗口同仁，指稱這類大型案件大約二年一案即可，近期無意願。簡單的一席官話，限制了便利商店的加值卡未來，儘管是到了現在，便利商店的加值卡是否已經有了這項金融機構合作案的影子？加值卡還

是無法在自己集團內消費使用，甚至於海外的分支機構，更是遙遙無期的憾事！當然，藉由悠遊卡的聯盟關係，不限於自己的集團，連其他消費性服務，亦有棋盤式的多功能使用。而網路化的金流呢？指日可待，快了！！

【代收業務的沈思】

在擔任代理收款（代收）業務的角色中，有金融機構、量販店、電信業者、資訊系統公司及便利商店，但是這樣的代收業務到底要不要繳納印花稅呢？由便利商店所開立並交付與客戶的繳款對帳單（或者稱為小白單），在其他代收業務管道，則稱為收據（或收執聯）為多。委託代收的機構則包含政府機關、公民營事業及團體等機構，洽請協助辦理代收、代售及儲值等業務，而前項所稱各種繳款對帳單（等等類似名稱），都是為了提供客戶繳款證明使用，具有對帳性質，所以財政部於民國 102 年 11 月 30 日發布新聞稿核釋此類繳款對帳單據屬於印花稅法第 6 條第 4 款規定「核對數目所用之帳單」，免納印花稅。也就是說以往對於此類的印花稅疑慮，終於可以撥雲見日，歷年來的數百億元的潛在稅賦問題得以安心了！但是這項核釋新聞稿卻僅針對便利商店得以適用，這很有意思，不知是否吻合稅賦公平原則及比例原則呢？其他相關業務機關的看法呢？！還有那些正在乖乖繳稅的金融機構有何想法呢？

第二節　量販店

　　現行市場上有較大型的十大量販店（如加樂福、COSCO、松青、愛買、大潤發、環球購物中心、聯合福利中心、頂好、康是美、屈臣氏等）。以前量販店（如萬客隆）係以促供客戶一次大量購買為主，所以成為小型批發商的最愛，營業方式採行會員登記申請制度。後來，消費者個人需求再次提供，小量批發式的量購方式亦頗受歡迎，因為量販店逐步開放一般消費為主要行銷對象，強迫式的會員制行銷已經落伍，轉而為歡迎各式顧客上門為大宗，不再以會員為開放的消費對象。

　　既然命名為量販店，當然是指消費者的每次採購份量較大的意思，所以與便利商店的方便式行銷經營方式不同。平均每位客戶上門消費金額大約為 500 元，消費行徑大約為 100 公尺，遠比便利商店的平均消費金額為 50 元，消費者下車到消費完成的消費行徑也不過 10 公尺，多出很多了！因為消費行為所產生的市場區隔，互相排擠性有限。比如說，一般家庭主要的家庭必需或消費品大約每一～二週，可彙總到量販店一起採買，但是偶而或者單品式的消費，如報紙、咖啡飲料、茶葉蛋…等等，則一定就近方便為主。

　　公用事業費稅的繳納，除了各合作金融機構可以提供客戶完整的代收服務外，便利商店亦搶食了不少的代收服務市場，頗有喧賓奪主、問鼎中原的霸氣。民國 97 年間，由於便

利商店的氣勢凌人，金融機構的合作案都是屬於吃虧的角色，因此部份金融機構轉爲向量販店提出代收服務業務的合作案，幾經討論，確實提昇了販量店的經營視野，評估後發現的確有發展代收服務的需求，但是或許是行業差異，及外資經營團隊不善於業外經營項目，變通度及反應程度不足，合作案一直延宕下來，直到民國 101 年中下旬開始有部份量販店開啓代收服務業務，但是很可惜初步僅開放一家壽險公司的保險費而已，並且還是無法接受客戶在採買物品的結帳時，同時辦理繳納代收款項，此外這些代收款項亦僅接受現金繳納。這項代收服務與便利商店差異性幾乎爲零，執行一年仍未具氣候，難解！沒有差異化的行銷方式註定會遭受市場嚴峻考驗，兵退如山倒後退出市場。

第三節　手　機

　　民國 79 年間，行動電話在台首見，故名行動電話真的就是一具可以帶著走的家用電話機，大小有如一組擦鞋工人的木皮箱上釘上一具家用電話機，雖然現在想起或許很可笑，但是當時能有這樣的配備，真的十分了不起！大老闆們隨時隨地可以電話聯絡，不再有時空上的限制，很具革新性。但是回過頭來想想，真的百分百很方便嗎？不，太大太重了！所以就有提包工出現，有如機要秘書一般，背著行動電話機跟著後老闆走。

　　這樣革新性的行動電話推出後，消費者反應了前述的報

怨意見，為何國外的行動電話可以放在公事包中，便捷差異真大！大約半年後，這樣的便捷行動電話立即取代了大又重的行動電話機，出現了如同水壺大小的「大哥大」行動電話，便捷多了！

當時手機跟室內電話一樣，都是只有中華電信一家獨占事業。初期的手機申請者，需要先向中華電信公司填表提出申請，同時繳納一筆保證金，等待手機門號成為有效性時，會通知客戶前來領取手機，再進行通話聯結服務，等待期間就好像到海外攻讀 MBA 學位一樣，大約一年至一年半的甜密等待期。

接下來的大約每 3 到 6 個月，就隨時有新的型式手機出現（海豚機、蝴蝶機等等），玲瑯滿目好不熱鬧。手機的功能亦逐步擴大與提昇，從最基本的原始需求（通話），至簡訊服務、電子秘書（記事、字典、鬧鐘、計算機、馬錶、桌面相本與語音等），一般性功能大致齊備，後來手機即是相機（錄影機），到了近些年的智慧型手機問市，蘋果賈伯斯叩人心弦的人性化設計，此時手機即是電腦！

大約民國 91 年間，有家手機業者（二類電信業者），提出了手機刷卡消費功能，超炫的！但是使用上問題頻傳，最後乏人問津，一切又歸於平靜。民國 97 年間，又有一家知名的國內家電業者，聯盟系統資訊廠商再次開發手機付款服務（當時金流乙詞尚未出現），交易流程（如圖 3-2），這樣的交易流程真的只是付款服務，由客戶於消費完成，進行繳款時，自行負擔手機通話費進行轉帳作業，而商店即刻可以收到入帳通知，這樣的流程很有意思，其實這就是現在（中

國）金流市場最流行的第三方支付，只是當時這個商店的發
想是來自於儲值卡的概念。

　　客戶需要先行指定帳戶進行服務申請及金額加值，如此
一來，在商店消費時，才可以進行帳款轉帳，消費款項轉入
商店在這家手機業者的系統資訊廠商指定帳戶內。流程看似
單純，結構亦不複雜，但是探究其中，客戶的加值與商店的
入帳款所衍生的資金收益全歸這家手機業者的系統資訊廠商
所有，此外，消費結帳的轉帳作業，這通電話是由客戶自行
依通話費負擔，連線成本不低。這項服務似乎也未受好評。

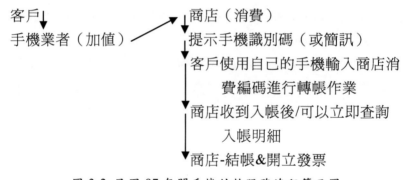

圖 3-2 民國 97 年間手機付款服務流程簡示圖

　　現在的智慧型手機在金流服務上創新很多。在蘋果賈伯
斯心想世界的陳現，人性化的科技藝品（因為超乎產品的演
進且貼進人性化創意，故稱之為藝術品／藝品）智慧型手機
的普及化問市，此時手機即是行動電腦。以往的電子金融業
務，不外乎需要借助於電話語音及網路進行金流交易或查
詢，但是智慧型手機結合了電話及網路，甚至於儲值卡的功

能，還真的是「一機在手，無遠弗屆」。

民國 96 年間，雲端科技逐步浮現在世人眼前，這樣的創新科技的確革新且推進了科技進步，智慧型手機更加是如虎添翼，舉凡是辦公桌上的文書處理、公文書閱讀／撰寫、上網查詢、地圖搜尋、社群聯繫、電子信件處理等等，都是輕而易舉的，「指尖人」輕輕用手指尖劃一下就完成了！甚至於與本書最關注的就是「金流服務」，亦衍生了諸多創意行銷，諸如：證券（期貨）的下單交割、網路商城的交易、房仲業（租屋網）的產品指南與交易、醫療院所的掛號批價、保險契約的締結、社群網站的儲值與使用等等業務，真的愈來愈貼進人心！

第四節　郵局、貨到付款

郵局的業務一般而言，應該是可以區分為金融機構營業項目及郵政營業項目。前者類似一般金融機構業務範圍，諸如存款、放款（個人消費性）、信託（保管箱）、匯款及票據業務，另外就是郵政業務，包括有郵寄的收送、宅配同時代收貨款、郵票業務等。此外，還有一項特殊營業項目，那就是保險，這可不是一般金融機構可以同時兼營的，除非是金控（金融控股公司）項下的集團組織進行共同行銷，或者是非金控（金融控股公司）的異業合作所進行的互叉行銷，否則是不能同時並行經營的，究其歷史延展的過程，主要就是郵局的目的事業主管機關為交通部，而金融機構的主管機

關為金管會（或稱為金監會，金融管理暨監督委員會），因此管轄方向、成立目的、法規規範的不同，成就了不盡相同的類似事業經營體制。

郵局的營業項目中，除了一般金融機構經營項目外，其中與金流相關的業務有：代收／付款、物流配送及送貨同時代收貨款（貨到付款）。有人戲稱郵局的組織體就好像是龐然大物「金融界的大怪獸」，不管多麼偏避的鄉野，還是有郵局（當地唯一的金融機構），正因此，任何商店想要提供客戶最完善的代收／付服務的話，那一定要有郵局充當合作夥伴，任何金融機構也是一樣，這也就是唯一可以百分百完成的 ACH 代收／付任務的，只有郵局一家！

信（物）件的配送原本就是郵局為大宗，或者說是原老，然而現代化的時髦語則為「物流」，依據商店或客戶的指示，將信（物）送至指定地點（或有指定人），同時有些指示會要求，送貨到達時應同時代收貨款，這就是貨到付款的原由。到了民國 98 年間貨到付款業務的金流工具，除了原有的現金收款方式外，有些物流公司還提供了信用卡或金融卡的刷卡消費服務，很是貼心！

第五節　企業通路

前些章節中有提及儲值卡的發行，真的是大家都愛，不管是商店還是金融機構都是牟盡全力的費心規劃。以往的商店在客戶消費完成後，提供現金、信用卡消費付款為主，後

來金融卡的刷卡加入了消費陣局，所謂金融卡的刷卡，其實金融卡原形是使用背面的磁條進行辨識，但是因為發生了有磁條竊錄，再重製的假金融卡嚴重引響存款戶的權益，因此改為晶片型式的金融卡，資訊的讀取係以金融卡上的晶片為金鑰，經過設定的程序後將連結金融機構的資訊主機，進行存取金融卡內的存款資訊。

　　儲值卡的發行，對商店及金融機構而言，雖然原理原則一樣，但還是有些許的不同的（表 3-1），一般而言，企業為了增加客戶的消費機會及獲得資金收益，往往會想到也來發行儲值卡，只是要選擇商店自行發行，還是要找金融機構來發行，這個題議是很值得深入思慮的。金融機構所發行的儲值卡，其實也是等同金融卡的一般使用功能，隨時可以存入、領取、轉帳，但是企業發行的儲值卡，郤僅可以在限定商店進行存入（加值）及消費，但不能轉帳。企業發行的儲值卡有些是磁條型式，也有些是晶片卡型式，但是也都是僅能在有限的聯盟商店中使用，如果要跨業使用，那可就要事先申請金管會同意，方行使用，如：悠遊卡。

表 3-1　商店及金融機構的儲值卡發行差異比較表

	商店	金融機構
主管機關	經濟部	金管會
金額上限	一萬元	一萬元
使用範圍	限定商店使用	等同金融卡使用（廣泛）
轉帳功能	原則上不允許	可以任意轉帳
記名功能	原則上不記名	原則上不記名
實體消費	限定商店使用	開放金融卡刷卡商店即可使用
網路消費	限定商店使用	可以（等同金融卡）

跨業聯盟	需申請金管會同意	可以（等同金融卡）
資金收益	商店	金融機構
企業識別	商店	商店＆金融機構
卡片型式	磁條／晶片	晶片

　　儲值卡的形式有很多種，有些有現金儲值功能，有些只有集點及兌換折扣功能，還有些則是不具有晶片或磁條的普通塑膠（或硬厚紙）卡片，僅有商店的認同使用，或者是商店可以依據卡片上會員資料鍵入電腦系統中，提取客戶資料後，再進行客戶資料內容增加／修改作業，一般而言，稱這種類卡片為會員卡，然而廣義的稱呼，企業通路發行的形式為會員卡、認同卡、集點卡或者具有現金加值功能的儲值卡。（表 3-2）

表 3-2 企業通路發行的卡片比較表

種類	會員卡	認同卡	集點卡	儲值卡
形式	塑膠/厚紙	塑膠	塑膠	塑膠
磁條	部份有	部份有	部份有	部份有
晶片	無	部份有	無	部份有
感應線圈	無	無	無	部份有
現金功能	無	無	無	有
記名與否	有	有	有	部份有
折扣優惠	有	有	有	有
累積紅利	有	有	有	部份有
抵用消費	無	無	部份有	有
轉帳功能	無	無	無	部份有
跨業聯盟	部份有	部份有	部份有	需申請金管會核准

　　企業通路為了自身的營利事業的鵬勃發展，往往就會想到發行會員卡，這就是會員卡的發展原型。歷經一段時日的

變化，加上資訊科技的演進，代表企業識別（CIS）的認同卡逐步出現，後來再發展具有消費抵用的儲值卡及集點卡，其中儲值卡才是真正具有金流支付功能的工具，至於枋間出現的儲值卡形態很多，大致上有單一（或類似性質的聯盟）商店發行使用，或者是交通事業（或連結一般消費使用）所發行的，也有正值申請金管會希望能跨業進行大範圍使用者…等等，玲瑯滿目好不有趣！

　　至於集點卡則是一項有意思的產物，無論是日本的還元集點卡，或者是台灣的集點卡，主要都是希望客戶多增加上門消費，每筆消費金額達到一定門檻後，就立即擁有相對約定的點數，可以用來折抵下回消費帳款的付款金額，只不過折抵期限常常會有所限制。

第六節　禮　券

　　除了儲值卡借用了貨幣銀行學上所稱的貨幣的功能，成就了類貨幣的塑膠貨幣形式外，還有企業選擇了發展「禮券」。世貿中心經常會有旅遊博覽會，彙集了各式各樣的上下游及左右相關的產業，一同廣為客戶提供十分周全的休閒服務，此時當然「禮券」的發行不可少。

　　一般而言，禮券的發行券上有幾項要項極為重要，如發行日期、禮券金額、有效期限、發行機構、信託（或保證）機構及防偽設計等六大要項。傳統的禮券面額為固定，但隨著業者的服務項目不同，及跨業聯盟的廣泛應用，客戶會選

擇不同的服務內容，因此禮券面額尚然會隨著服務選項而有所變化。

　　運用「禮券」進行商業行銷手法的商店，當然不會只有獨厚旅遊業，其百貨公司及大型量販店，還有便利商店也搶食在這個市場中。使用期限由以往有限期間，演變為無限期使用，只不過禮券上仍然會有信託（保證／履約）機構，載註承諾時間，但是客戶知的權益並未因此而銷滅，屆期仍然可以使用，只不過所有禮券相關義務，應該只可以針對發行商店，這些相關資訊亦提供客戶隨時上網查詢。

第四章　金流的風險

第一節　洗錢防治法的規範

在洽談金流的風險之前，應該再次熟悉「洗錢防制法」，尤其是第 2 條規定：

本法所稱洗錢，指下列行為：一、掩飾或隱匿因自己重大犯罪所得財物或財產上利益者。二、掩飾、收受、搬運、寄藏、牙保他人因重大犯罪所得財物或財產上利益者。

還有回想「金流」服務的意義，其實就是透過各種不同的交易通路與模式，協助辦理資金收付及銷帳的作業模式與流程。

如果要將很廣泛的資金流動都列入所謂的「金流」的話，那以往所發生的某大律師事務所高階主管挪用公款，盜款所得額 3 億元；還有些國家的部分不肖政客官員涉及挪用公款及收受賄款，或要求政府工程得標廠商分享利益等等，這些屬性的事件，應該算是經過若干規劃的金流行徑。只不過是金流服務的領域，絕不是一般性的帳戶移轉而已，而應該說是一連串帳務及直接與間接相關的所有作業流程。

在諸多的洗錢案例中，不乏有個人的脫產、資金的詐騙、

稅務上的規避、贓款的漂白、企業資金善用國際化縱橫財務報表…等等。這些也都涉及資金上的流程，只不過本書所探討的範圍係以商業性交易行為為主體，這類特殊性的金流議題，暫不予以討論。但是身為金流服務從業人員，真的應該嚴守道德規範，在接觸客戶的申請時，一定要深入瞭解客戶的金流服務需求性，及其本業的合法性，要避免有不肖份子，利用金流服務來進行違反行為。再者，金流服務的覆核主管，更加應該提高警戒心，適時檢視受理的金流服務客戶，還有代收款項或費用是合宜，避免有從業人員資歷尚淺的風險。

第二節　金流風險的產生

何謂「風險」？

所謂的「風險」，應該說是理想目標與實際達成之間的差距，或者說是未能達成的失敗或然率。

何謂「控制點」與「稽核查核」？

所謂的「控制點」，就是每一項作業流程中，每應設立的觀察點（就好像休息站或哨兵站），期以階段地產生流程效率，如果可以確實有效性的執行，則流程將產生效益極大化。然而對於理論上的效益極大化，事必需要加以適當的監控，此時即產生「自行查核」（內部稽核）及「稽核查核」（外部稽核），但是不論是單位內部的自行查核，還是外部單位的稽核查核，這都事必有些許的困難度產生，因為查核人員所面對的任何資料都只是書面且靜態的，實在很不容易

從這些文件資料中，瞭解當時的情形及當事人的心境與意圖，因此文件資料的綜橫交錯驗證察查實在很重要，這也難怪很多受查者，都會批評查核人員「想太多」！嗯～是的，很不容易，辛苦了！！

「風險」是好的，還是不好的？

這個議題沒有一定的答案。因爲如果是用在目標的積極追求上的話，那任何風險所引發的失敗或然率，將是差距擴大的開始。但是如果用在財務工程上的話，或許是十分有價值的，比如說前述的失敗或然率，在此應該稱之爲「波動率」，也就是選擇權定價模式中的要項，當其他要項假設不變的時候，則波動率愈大選擇權的價值愈大，反之選擇權的價值愈小，此時或許很多財務投資專長特別的偏愛「波動率－風險」，因爲這往往就是價差與利潤的肥美之處，這也是避險基金（Hedge Fund）偏愛這個市場的原因。

然而回歸沈思「金流」業務有何風險？

「金流」服務的提供者，不論是銀行法所賦予的金融機構，還是過去坊間常常論及的（紅藍綠）色彩資訊系統公司，其實都應該負起十足的社會道德知能，因爲這可是客戶接觸的最前端，如果所接觸申請的服務從業人員，不管申請對象爲何，一切以個人利益爲依歸的話，那常常會發生有藏汙納垢的申請人混入其中，假藉正常理由來進行詐騙或洗錢等不法行爲。（如圖 4-1）

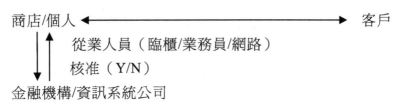

圖 4-1 金流服務的申請流程簡示圖

第三節　控制點探討

有關金流控制點的建議（表 4-1）：首先，在系統建置情況方面，應該審慎先行區別客戶申請時的狀態，是屬於建置規劃（初期）、部份完成（中期），還是現階段全數上線運作（完成期）。在不同的系統建置狀態，將會面臨各式各樣的問題，所以在控制點架構之前，應該適切的規劃，才能符合經營效率。比如說，在一個小型企業或公司中的新創事業體中，草創初期的經營規模比較不大，人數及經費亦受到諸限制，此時如果要建構完整的控制點及稽核部門獨立超然的查核制度，似乎有點難，而且很不符合經營效益。

此外，還要一些重要的考量因素：

一、系統及網路平台：自建、委外、租用

系統及網路平台在架設規劃初期，即會進行重要的基本評估工程，如果公司體制規模夠大，那麼應該會有設立資訊部門（IT），此時系統及網路平台應該會選擇自行建置為宜，但是在於安全管控得宜及成本預算的綜合考量之下，也有可能會進行局部性系統或平台委外設置的規劃，此時資料控管

及網路的資訊安全，將進行更加嚴密的監控。此外，也有些是探行租用的策略，這種方式大部份是用於硬體設備不足或擴充受限，向設備廠商租用資料庫備用，或者是基於專業技術能力的分工性，向系統資訊公司租用網路平寬及專線，甚至於租用一片「雲」（雲瑞科技）。

表 4-1 金流控制點的探討表

系統建置情況		初期、中期、完成期
主要考量因素	系統/網路平台	自建、委外、租用
	系統規劃方式	互動、連結
	金流通路	金融機構（金融卡、信用卡等）、便利商店、手機、其他
	建置成本	成本、收益、入帳問題
	選定金流公司	金融機構、系統資訊公司
	系統&業務	延（擴）展性
	委外考量	策略、合約規劃

二、系統規劃方式：互動、連結

網路平台的規劃時，往往會對於系統的設置將探行互動或連結，進行事先的籌劃。如果是探行互動式連結，那麼網路資訊安全更顯重要，因為客戶在使用自家網路商店時，都會進行即時性的連結與搜尋。至於單純的連結性功能，則表示網路商店對於所設置的功能選項，僅探行網站方面的引導，提供客戶所需功能的使用方便性。連結性的設置比較單純，網路資訊安全方面的顧慮相對較互動式功能設置少很多。

三、金流通路：金融機構（金融卡、信用卡等）、便利商店、手機、其他。

在金流的通路選擇方面，大部份的商店，不論是網路或者實體商店，原則上應該都是希望多多亦善的，但是如果再細項且深入的思考後，實在不應該過於繁雜，否則會有系統負擔的問題，還有帳務複雜及人員訓練上的成本因素，當然還有一項重要考量因素就是系統規劃階段是屬於草創時期，還是身經百戰的部份系統提升增修時期，這些都是通路選擇的重要因素。所謂的通路，就客戶所接觸而進行使用金流工具的介面，比如說金融機構（臨櫃、匯款、ATM、網路銀行）、便利商店、手機、i-pad、i-phone、PDA、其他通路（貨到付款）等等。

四、建置成本：成本、收益、入帳問題。

任何變化或增修的決定，都會涉及所謂的成本與收益問題，套句現代管理模式話語「KPI」（重要績效指標），單位主管或任務組合的組頭，對於成本的掌控及收益的擴展均是有如刀子兩面刃一般，一方面開發市場創造利潤，另方面分析成本降低費用，產生營運效益。所以在建置系統時，主事者必定會兼具成本及收益進行考量，期以尋求均衡點，創造團隊經營績效。此外，入帳問題亦是不容忽視的重要議題，但是卻未能併入成本與收益議題共同討論的原因，是因為成本與收益議題是顯而亦見的 KPI 指標，但是入帳議題卻往往只屬於會計部門的範圍，常常會被忽視。入帳的帳戶效益問題包括入帳帳戶屬同一帳戶（同一分行、同一銀行）、入帳時間（天數）、入帳方式（現金、即期票據、遠期票據）等等，都大大影響公司的營運資金安排與效益，所以應該多加

以注意。比如說金流公司的消費款入帳日約 45 天，便利商店約 15 天，信用卡約 7 天，金融卡及儲值卡為即時性轉帳交易，差異相當大。

五、選定金流公司：金融機構、系統資訊公司。

在考量資訊系統的建置時，似乎也應該要同時選定金流公司的安排方向，否則資訊系統中的會計帳務及購物車，還有倉儲及物流配送等問題，將無法有一貫性的連結。至於連結金融機構還是系統資訊公司，這要視公司的資訊系統的架設能力及軟硬體設備的規劃情形而定，此外二者的入帳時間及風險差異亦大。（表 4-2）

此外資料庫管理方面，應該只有系統資訊公司會依議定合約內容，進行資料備份或建立防火牆，但是另方面而言，資料的傳輸上亦容易有留存在系統資訊公司的情形，安全度較有疑慮。

表 4-2 金流公司的選定參考比較表

	金融機構	系統資訊公司
自有的 IT 能力	需要	配合即可
系統連結程度	高	高
網路安全	很高	高
配合開發系統	無	依合約進行
入帳方式	金融機構存款帳戶	系統資訊公司收款入帳後轉付
入帳時間	即時或數日內	大約 30 至 45 天
帳款安全	十足安全	低
手續費用	低	高（另有系統開發費）
系統問題排除	僅有金融機構端	高（依合約進行）
資料庫安全	不相關	依合約進行管理
資料傳輸安全	很高	高，但有資料留存問題

六、系統＆業務：延（擴）展性。

不論是系統資訊的建置、金流服務的推展，這些規劃都涉及效率性。試想如果每一系統資訊的開發案，都專門只是為了某一項需求來建置，那真的很可惜，而且也是資源的浪費，應該要有延展性及擴充性，這樣才可以享受綜效及利益。還有每一項業務的推展，就好像客戶的開發一樣，並不是單一業務洽談而已，但是如果這項單一業務推展未成功時，就搬師回營了嗎？

其實每一個客戶都有很多的需求，只是需求還沒有被引發而已，比如說金融機構拜訪一位客戶時，初期可能是拜訪授信業務，但是因為往來的金融機構眾多及位置的方便性因素，暫無往來機緣，此時或許可以聊聊客戶的經營事業體，瞭解後可能有金流服務、外匯、投資及初期的存款往來等等。

七、委外考量：策略、合約規劃。

業務開發或者是系統資訊業務，都有可能評估使用委外方式進行效率組合。只是委外業務應再加以注意委外法令的規定，比如說系統資訊或金流服務的委外策略中，除了可以補足自身的資訊部門的能力不足，還是縮短自身學習的經驗時間，可能還可以藉此帶來客戶，並開拓不同的客戶群。

至於委外合約的議定，確實需要相當程度的規劃考量，絕不是單一的委外業務就擬制了一份甲乙雙方的合約，應該如同前項所稱加強注意延展及擴充性，期以減少業務內容的變化而進行合約的小幅度增修，再者委外合約外，或許也可以進展成為雙方的行銷聯盟的合作關係。此外委外合約中的

價格議題，到底是採行買斷（分次付款）、分租，還是付頭期款建置費後抽頭呢？應該審慎評估規劃。

第四節　潛在風險問題

　　為何先前會談到金流從業人員的角色十分的重要呢？

　　應該說從業人員的角色這好比一個地方官或者說是土地公／婆一樣，把關的人員十分重要（或許有點像吳三桂引清兵入關，改朝換代的要角）。當從業人員受理客戶申請金流服務時，事必應該審慎檢核客戶的申請動機與需求，而非業績導向（KPI 績效管理），一但受理後，二線的覆核主管其實就書面申請資料而言，似乎不太容易發現申請案件的不適性，比如說曾經有家金融機構受理客戶申請代收費用，並委託該金融機構協助印製繳款單據，後來有位年輕的從業人員逕行受理，結果在印製繳款單據樣本時，適逢資深同仁碰巧看到繳款單樣本，發現代收費用項目為「外匯交易管理費」「Put-Call FEE」，馬上告知該從業人員，本客戶有可能是地下外匯金融公司，基於法令規定及社會公益，應予挽拒！

　　再者，如果說代收服務費用是金流的最原始的雛形，那假設有一天客戶臨櫃來申請除了前述地下外匯金融公司外，中南部賽鴿活動盛行，客戶申請協助代收賽鴿費呢？這千萬不可受理，金融機構間曾有此類案件，客戶雖然僅有向金融機構申請存款開戶，經正常程序開戶後，歷經三、四年後，這幾個帳戶開始有一段期間內發生幾千元或幾萬元的持續多

筆匯入，累積約五百萬元或一千萬元再整筆匯出，此類情形已經很明顯有機會觸犯「洗錢防治法」。當然這類案件經主管機關查核後，函文表示將依「銀行法」及「洗錢防治法」相關規定，該金融機構行政罰鍰二百萬元，相關經辦及單位經理各乙名將移送法辦，個人方面除了罰鍰外還有可能還有刑責，真的是很需要注意的！此外，保護費的代收是否也有可能利用金流系統進行呢？不妨想～想～

　　曾經有間公司是屬於加盟式連鎖店（圖 4-2），申請金流代收的項目為開店首次的加盟金及每月的權利金月費，但是由於這間公司似乎在股東結構上有黑道背景的疑慮，對本業經營完全不瞭解），所以申請主管機關審核時，面臨多次的置疑，擔心是否是黑洗白的枱面上收取保護費情形，經過深入瞭解其正常的營運過程後，回報主管機關破除疑雲順利上線。但是另方面審思，這間公司的加盟金只有收一次，金額很大但手續費卻只有一個（或一個半）的銅板錢，真的很不符合效益比例原則，因為在申請之初所調查結果，確實是正常的經營事業體，但是該公司的經營階層歷經這數年來，受理金流業務申請機構是否有再次深入調查，主管機關當時的疑慮會不會真的產生了，或者說是該公司會不會只是在申請之初，佯裝為良善的事業體，而現在是否轉型，或者經營階層的理念是否為永續經營呢？！受理的金融機構想一下吧！（後來據悉，該公司現行的大股東是由公司的債權人金主轉變成的，俗稱天使投資人。）

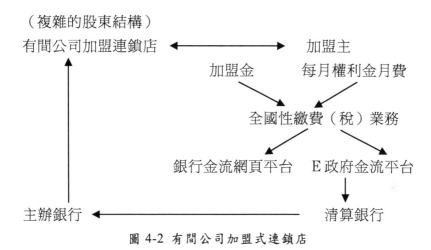

圖 4-2　有間公司加盟式連鎖店

第五章　金流的稽核

第一節　控制點的規劃

　　控制點就好像是一站站的檢查哨兵站，為了確保每一項作業程序都可以依據預訂的目標及工作程序（手冊），而進行追蹤察查的管理（好比是在製造工廠裡的品管作業一般），期以有效降低目標的與實際達成之間的落差性程度。(圖5-1)

　　1.委託單位：檢核營業性質方面是否金流服務的需求，會不會有借牌申請（就好像借用他公司額度申請代開信用狀一樣）情形，再者本次申請的需求目的是否吻合？儘管委託者是個人名義申請的，也要審慎察查其需求的真實性，及嗣後使用服務的定期追蹤。

　　2.繳款人：繳款人與委託單位的關係為何，還有授權的範圍及內容如何？才不會有假借金流服務進行不法的犯罪行為，違害社會大眾及善良風俗。在授權範圍內容方面，包括金額是否有固定及上限條件，還有授權期間為何？這都十分重要，而不是繳款人簽立授權扣帳申請書後，其存款帳戶立即無限期的門戶大開。這一點在信用卡的授權扣帳申請書上，聲明授權內容非常的明確，很值得學習傚效。

3.通路使用：客戶選擇那些通路、手續費的議定內容、服務費的洽商結果、收／扣款的委託方式、金流系統的建置方式與約定時效，還有申請議定的內容，這些都是申請書上所應該詳細記載的內容。

4.入帳及銷帳與系統管控：代收（付）款項的帳戶設置與規劃，以及系統建置的測試及安控方面的掌握，還有銷帳作業的規劃與安排，權責一定要事前洽談清楚，日後合作才不會有太多不必要的爭議。

5.開戶帳號及虛擬帳號：帳戶設置規劃後，應該在系統測試時立即使用，進行試營運作業，還有虛擬帳號的規劃內容，是否有符合金流服務的建置規則，經過多次虛擬情境測試後，最好再來一些真實性的交易，將整個交易流程完全成就，這樣才會安心有保障。

6.收益：所有努力與辛苦，如果沒有了甜美的收成，那必定是個傷心與遺憾，除非這只是正式營運前的試行，不過整體而言，邁力地耕耘一定要伴隨著可口的果實，哪怕是公益性質的活動，也會有無形的商譽產生，成就功德。

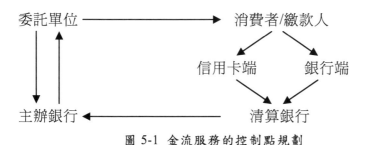

圖 5-1 金流服務的控制點規劃

第二節　稽核重點（金流建置前、中、後）

面對客戶的金流服務申請之前，首先要詳加察知的一件事，就是客戶所要求的金流服務，目前有何規劃及現有金流的籌劃或運作狀況如何？

1.建置規劃時期（初期）：

客戶申請之時，僅有預計或想法，所以來尋求金流服務的服務，至於要如何規劃或者有何需求，似乎都是不太明確的。此時應該先注意幾項重點：客戶的組織規模、業務需求程度、系統資訊開發能力、預計上線時程及預算金額。

客戶的組織規模包含商店的資本額、營業額、分店家數及金流客戶數等，組織龐大代表著金流需求的必要性強烈，當然複雜度亦高，相反的如果規模有限的話，似乎很傷腦筋，因為金流服務的提供困難度（或者說是技術考驗度）增強，比如說慈善業者，多數為經費有限的小型組織，這時確實考驗當事者承辦人員的個人能力與慈悲心了，因為這樣的案子一定不會有太大的金額收益，反而是形象加成的商譽為主。

業務需求程度包含有客戶使用金流的可能性比例數、金流通路數的需求、金流服務中的每筆平均（或最高／低）交易金額、金流服務的需求時期間與週期。使用率高及需求週期次數多，當然金流服務總費用會較多，而且所需提供的金流服務亦較一般客多，使用者付費一定會發生。

客戶具有一定的系統資訊開發能力時，這樣只要彼此將系統流程及規格談清楚，則雙方的資訊獨立分頭開發再進行互相整合測試即可，當然彼此的媒合問題亦需審慎注意，此時或許還會再涉及彼此的系統資訊外圍廠商，因此複雜大增。

預計上線時程會引影整個金流規劃的過程，時間長固然很自在，但是收益入帳亦延長，而且時間太長的計劃常會有諸多不確定性產生，也就是說常常會因為時間冗長而作廢，一切又歸於平靜，浪費了所有的人力及心力的投入。

預算金額很重要，如果只有諾大的誠意，宏遠的藍圖，但是經費有限。很難～不過在洽談時彼此將需求詳述，並規劃出可行的方案，此時預算問題亦應於枱面上陳述討論，儘管是公益形式或者是合作行銷模式，這都可能會引發不同的商機與構思，創造出共榮的光輝。比如說客戶真的為公益組織，則在經費有限情形下，提供適切及開發程度較基本的金流規劃，再者另尋求有意協助公益的客戶進行交叉聯盟，在共榮之下，公益的順利推展，協助大愛的推展，而自身的商譽及公德滿滿。

2.部份運作時期（中期）：

有些客戶在申請金流服務之前，已經建置有初步的系統資訊，此時的規劃重點在於瞭解客戶的會計系統、購物網站、購物車、已經上線的金流服務程度、業務行銷系統等內容。

會計系統一直都是一家公司永續經營的命脈，如果建置不夠縝密、流程不順暢、業務及部門別配合程度不佳，那肯定前景堪憂。

　　購物網站及購物車的建置情形，是屬於自己架設還是委外經營，這個問題涉及是否有第三者（小三）的系統配合及溝通流程。此外，網站的資訊安全程度及客戶資料的保密與保護方式是否安全無虞，其中已經上線作業的金流服務配合對象為何？可否並存提供金流服務，還是說排除暨有全部的金流服務，進行全部的金流服務建置作業，不管如何？千萬不要有忙了半天，最後客戶還是覺得原有的金流服務就夠了，那可就白忙一場了！

　　不論是會計系統或購物網站，只要是客戶的需求或面臨的問題，那肯定就是「生意的開始」！雖然辛苦，但是試想～如果這麼容易，為何還要來申請什麼業務呢？舊愛已經是最好的了，為何還要來個新歡呢？提供客戶整體性的服務，而不是頭痛醫頭腳痛醫腳。

　　3.上線運作時期（完成期）：

　　客戶既然來洽談金流服務，表示一定特殊的需求原因，否則如同前述一般，舊愛已經是心中的唯一了，為何要變節。比如說曾經有一家有夠黃網路公司，以提供客戶工商名錄及刊登廣告為業（如圖 5-2），原本規劃上的網路商城及購物車服務，應該都很貼心且專業的，但是卻與小林銀行簽約滿二年還是無法上線運作，探究其原因如后：

　　有夠黃公司的官方背景濃厚，產生組織氣氛緩慢，再加上傳統作業流程的既得利益者不願配合革新，所以創新規劃遲遲無法順利進行。

　　小林銀行的信用卡收單看似單純，但是由於這樣的作業

流程中，銀行的收單對象不是僅只止於在有夠黃公司的廣告
刊登（刊登費），還有個個商店的廣告指引所衍生的銷售商
業交易，因此小林銀行的信用卡收單對象還有這些商店，而
且是個個獨立審核及簽約！這可是大工程，然而小林銀行也
睿智地設想到了，所以提供了各家分行均可受理信用卡收單
的方便性，可惜的是「服務永遠在於一念之間」，分行的行
員並不熟悉信用卡的收單，所以客戶臨櫃申請時產生了諸多
的莫名與不解，這樣的服務當然問題百出！正因此有夠黃公
司的合約簽立了二年，仍然原地踏步，只好另求新歡了。

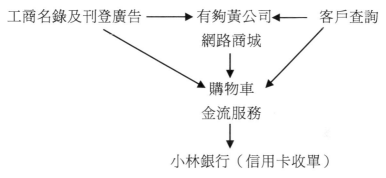

圖 5-2 有夠黃網路公司營運流程簡示圖

　　還有一個案例，那就是有家不來電電信公司要求申請金
流服務（如圖 5-3），並要求所有與會廠商簽立保密同意，
會議內容保密二年，這個神秘的案子主要的訴求內容是申請
網路查詢鄰近商家及其特惠商品，似乎有點類似查號台的功
能，系統架設在類似地圖搜尋網站的功能之中，可惜的是概
念發起的實務經驗不足，關係企業的金流服務雖然施行很久

也很充分，但是礙於門戶之見，分公司不想求助母公司而自立門戶，但是官僚氣息太強，要求廠商全數提供系統開發及建置資料庫，還要試圖連結現行的會計系統，而且最重要的是經費為 O，此外有一個大問題，就是資料庫要放在哪？這涉及客戶的資料檔案，似乎令該公司的新秀長官...作罷！因此，千萬不要以為申請者背景專業程度極佳，就照單全收，經費為 O、開發程度眾多，可是未來收益呢？

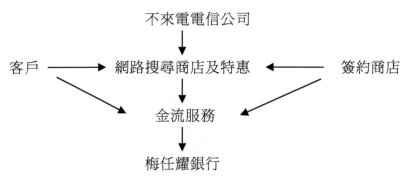

圖 5-3 不來電電信公司的網路搜尋商城簡示圖

第三節　「委外機制」的應用與
合約的擴允性探討

　　金融機構委外機制的應用必需遵循「金融機構委外作業管理規則」規定，系統資訊委外作業就是依據本法第二條辦理，除了法規上的絕對性遵守外，委外機制的選擇則是　項

十分重要的評估工作。針對委外機制的選擇，大致上可區分為買賣斷、租賃及分潤等決策。（表 5-1）

表 5-1 委外機制的選擇比較表

合約模式	成本負擔	系統自主性	教育訓練	保密程度	業務擴展性
買賣斷說	很高	高	初期	高	無
租賃說	中	中／低	初期	中／低	分段議價
分潤說	最低	中	配合度高	中／低	強

一、買賣斷模式合約

因應個別的業務需求，洽詢適合的廠商進行議定系統，所以系統的開發及建置成本很高，並且還要每年支付系統維護費（約每年支付合約價 6%），但相對地一定是擁有全數的系統版權及系統的自由性，該系統程式也會安裝在自己所指定的資訊部門中，初期還有約定的次數（及時數）教育訓練，最後進行系統完全移交程序。

這樣的系統程式因為是安裝在自己所指定的資訊部門中，所以保密性極高，不論是客戶資料還是系統開發規劃及延伸，均可以取得百分百的保密性，而系統資訊廠商在交付開發的程式後合約終止，僅僅剩下系統的定期維護合約仍持續進行，因此不會有任何業務合作的擴展性。

二、租賃模式合約

如果委外機制所選擇的是採行系統租賃的方式，那系統

的開發及建置費用會大幅的下降，或許無需支付，因為這套系統很可能會同時租賃給其他同性質的客戶，不過由於各家的資訊系統都存在諸多的差異性，因此系統資訊廠商還是要進行系統謀合程序，會收取系統安裝費用，不過還是遠低於系統的開發及建置費用，而系統的維護費用能不太會收取，但是如果有個別性的系統修改需求的話，可是一定會加收系統修改費用的。

　　租賃來的系統，所有權仍歸屬出租人所有，因此承租人無任何系統掌握自由度可言，至於客戶資料及業務開發等商業機密，還是會依據合約內容進行保密作業，但恐怕不是很容易有十足安全保握。如果有任何業務的合作擴展規劃，將依需求的另行提出，重行議價才會再進行，基本上是不會有買肉送蔥的！此外，由於系統是租賃的，所以有任何系統程式問題，將由系統資訊廠商負責修改，但是因為合約的議定版本的限定，所以不是任何革新（提升）版的系統，都可以免費吃到飽！只會有買水餃送醬油等基本調味料量而已。

三、分潤模式合約

　　所謂「分潤」一詞，即是說契約雙方採行業務合作模式，而營業利潤採行比例分潤共榮。會採行「分潤」模式，主要係因該業務推廣處於初生段事業發展，或者是業務開發成本太大，還是說契約雙方各有所長而進行互助成長規劃。不管原因如何，這種模式的推展真的大幅減少了系統的開發、建置及維護費用，但是每月的月費可能還是會需要的，因為甲

方提供業務奇想及行銷推廣，而乙方則在業務草創之初，立即投入系統開發所需的人力或物力成本，所以每月向甲方收取「最低消費（低消）」的想法是很合理的，只不過是每月的月費支付方式大致上可區分為固定費用、固定+彈性費用及彈性費用等三種（表5-2）。

　　固定費用方式：系統資訊廠商需要投入軟硬體及人力開發成本，故對於申請租賃式的合作模式，普遍會採行固定費用方式進行成本的回收，並創造系統開發利益。這樣的合作模式比較適合於成熟的營運過程中，因為當營業規模達到一定標準時，固定成本占營業收入的比重，比率將呈現大福下降。但是相對而言，在合作模式的草造初期，固定費用占營業收入的比重可是很重！

　　固定費用＋彈性費用方式：一部份固定費用，再加上一部份的彈性費用，這裡面的固定費用一定會比單純只有固定費用的合約模式低很多。會有這種合約模式，是因為合作業務已經歷任草創期的混沌時期，轉而邁入發展時期，只要支付少許的固定費用，再加上業務成長的比率抽成，只要業務蒸蒸日上，那固定費用比率將會低到不行，再加上業績大幅成長的加持，部分分潤合作對手也是應該的。

　　彈性費用方式：這種合契模式是因為事業體正值草創初期，面對市場開發效益的不確定性高的情形，如果可以無需負擔固定費用，則在草創初期業績情形不佳，而相對性的業務成本也可調降的話，儘管是這個新的事體真的發展不成功，那這樣的合約模式成本負擔很低。但是如果業務發展順利，業績高漲時，記得一定要重新討論費用率，否則成本會很高！

表 5-2　委外機制分潤模式合約的月費支付方式比較表

	成本負擔	適用業務時期	優點	缺點
固定費用	高	成熟期	穩定成長後成本比率會下降	發展初期採用時固定成本高
固定+彈性費用	中	發展期	較少的固定費用+成長機會的緩步成本分擔	合約雙方共榮合約，業務成長會調升分潤率
彈性費用	低	草創期	業務發展不成功時成本最低	業務發展很好時成本變很貴

　　由於委外機制採行分潤模式合約，所以系統自主性當然是屬於系統資訊廠商的，而此時的金融機構只是使用者或者擁有建議權，而金融機構及其客戶的系統使用權限的設定，都由系統資訊廠商負責規劃與提供，至於系統的升級及系統備份，甚至於軟／硬體方面的危機處理問題，這些理所當然都是系統資訊廠商的責任，還有關於系統方面的使用者教育訓練方面，原則上初期一樣是由系統資訊廠商提供，但是當使用系統一段時間後，其實金融機構亦有足夠的能力可以自行提供客戶教育訓練。

　　這樣的分潤模式的合約，當然是因為考慮業務發展初期或成本考量所議定的模式，因此收益性分析及掌握顯得特別重要，分潤的比率不是固定不變的，有些是分階段計算，有些則是不論金額多少價格比率不變，也有些則是初期不變，但是等到業務發展到一定交易量（或使用量）時，再行討論重新議定價格。然而所謂的「交易量」即是類似帳務直接相

關者，但是所謂的「使用量」，則是指系統的使用量，也就是類似客戶資料建置及產生所進行的系統使用。比如說，社區住戶資料上傳至系統中，每月產生的社區住戶繳費資料，這些都是「使用量」，而社區住戶的繳費資料上傳或使用系統進行繳費交易者，這就是「交易量」。

　　分潤模式合約的系統歸屬系統資訊廠商，此時客戶資料需上傳至系統中進行客戶服務使用，而客戶的資料保密機置值得加以重視，或許應該特別為此規劃三方（金融機構、系統資訊廠商、客戶）合約，因為金融機構負責金流帳務入帳交易及帳款資料傳輸，而系統資訊廠商負責提供系統及規劃與報表產生，客戶則為使用者。（表 5-3）

　　金融機構尋求能整合金流服務的系統資訊廠商，在扮演好金融機構金流角色時，系統資訊廠商則承擔系統使用的客戶及交易資料的保密管理，而客戶在金融機構及系統資訊廠商的搭配服務網之下，應該可以安心的進行系統使用。在這樣的模式合約中，針對類似社區型態的客戶申請使用系統時，重要注意事項有：社區的各級使用者的權限應該要提供適量的個別分權權限、社區與住戶間的帳調整（如帳款重複、改帳或增減帳款等）、住戶名稱改變等等問題，建議僅只於提供系統使用權限，讓社區型客戶自行調整即可，以免有原因無法正確掌握而涉入社區與住戶之間的糾紛。

表 5-3　委外機制分潤模式合約的關係人比較表

關係人	權利	義務	風險	建議策略
金融機構	收取服務費	提供金流服務	金流交易風險及客戶資料管理風險	依據委外規定辦理並規劃三方合約
系統資訊廠商	收取服務費	規劃完善系統	系統管理風險客戶資料管理風險	依據委外規定辦理並規劃三方合約
客戶	使用系統進行效率管理	支付服務費	系統資料風險	依三方合約分權負責

　　系統資訊廠商研發並推出可以提供很多金融機構共同使用的系統平台，可以產生一魚多吃的營業收益，當然各家參與的金融機構個別權限均有嚴格區分，不應該會有互相查詢到資料內容的機會，然而就系統資訊廠商來說，屬於整個系統的管理者，所以一定會取得並瞭解所有系統的客戶資料，可以進行資料探勘（Data Meaning），以及各家金融機構會員的個別差異性分析，並研究現行使用狀況及未來規劃的經營策略。

　　由於可以藉由業務的推展及客戶的使用情形，系統資訊廠商將陸續推出革新（升級）版，以及全新功能的系統平台，再次進行二次（或長久）的合作機會。所以金融機構在洽商委外機制及研擬委外合約時，應該多加注意合約內容的延展性，絕對避免有一次性合約的窘境，造成人／物的浪費。比如說，金融機構在與客戶進行洽談網路金流的同時，是否也有機會在客戶的網站上進行廣告活動或形象宣傳的連結，那在委外合約中的文字陳現應該要有妥適的安排。另外如果金融機構與系統資訊廠商的合作內容為金融卡收單業務，那是否未來有機會擴展至其他金融卡帳務業務（轉帳、查詢等），

或者是其他晶片儲值卡的業務發展機會，那合約應該要有適度彈性的空間規劃。

第四節 規劃「業務檢核表」

在談了這麼多的金流服務與發展，還有金流的風險與控制點，接下來應該進行規劃「金流服務檢核表」，這樣才方便運用前述的金流服務概念，並進而檢核金流服務所面臨的風險，而這樣查察的過程就是稽核。當然這項「業務檢核表」也可以運用在業務推展上的客戶洽談分析使用上。

在金流控制點的規劃中探討了六項「關鍵時刻」，還有金流建置又有區分初期、中期及完成期，現在將二組要項進行棋盤式重組成為「金流服務檢核表」。（表 5-4）

表 5-4 金流服務檢核表

客戶申請時狀態及檢核項目	系統平台--自建.委外.租用	連結方式--互動.連結	金流通路--金融卡.信用卡.便利商店.其他	成本＆收益	入／銷帳問題	金流公司
建置前	洽詢	洽詢	洽詢	洽詢	洽詢	洽詢
建置中	瞭解	洽詢	洽詢	洽詢	洽詢	洽詢
完成	瞭解	瞭解	瞭解	洽詢	洽詢	洽詢
□前期 □中期 □完成						
重點	資料外洩.委外.合約牽絆	資料傳送.技術能力.系統延伸	資料外洩.委外.通路擴充＆替代	資料傳送.技術能力.系統延伸	資料傳送＆技術.效率	決策.未來性

　　在系統建置初期，基本上客戶的金流概念方才初顯，並沒有太明確的想法與作法，或許也只能引用他人的系統功能，還是曾經在網路上或朋友說的概略內容，表達想要申請的服務，所以受理客戶申請之時，對於各項檢核項目進行基本的洽詢即可，然而再根據洽詢內容進行分析，以利提供適切的金流服務。

　　在系統建置中期，客戶往往已經對金流有了初步的瞭解，並且已經評估這樣的金流系統平台，是屬於能力所及而自行開發，還是採行委外合作或者租用系統資訊公司的作業系統平台。然而客戶既然有了一般性的金流概念，想必也早以建置了金流服務的作業流程，並已經加以運用了，所以這個階段在表格上所列示的洽詢，並非指客戶完全不瞭解，而是指受理單位應該加以深入瞭解客戶現在進行的狀況為何，這樣才會方便提出適合客戶的金流服務決策，可能部份調整，亦可能大幅度的修改金流作業流程。

　　碰到屬於系統建置完成期者，或許應該說是已經有建置金流機制經驗，但是卻又有不盡理想，還是說資訊時代的日新月異系統功能應該向上提升的機會，也就是因為這樣所以客戶才會有再次申請金流服務的需求，此時要非常地謹慎，因為這樣的客戶一定是金流業務高手，或者是已經聽到諸多的金流相關業者（金融機構及系統資訊公司），如果不是有三把刷子，那肯定會兵敗如山倒！比如說前面舉例「不來電電信公司的網路搜尋商城」的金流需求，應該要多加審慎瞭解客戶需求，並且多加詢問客戶現有使用狀況，以及預期追求的金流服務等等，整體加以評估並規劃，這樣才會贏得這

場勝戰！

第五節　運用「業務檢核表」

為了能深入瞭解及加強印象，現在使用範例來加以運用。

例一、有愛心慈善基金會申請案（系統建置初期）

二月廿九日（晴天）有愛心慈善協會向好服務銀行申請代收服務，承辦經手人陳一臨櫃受理，洽談內容如后（表5-5）：

一、有愛心慈善協會不是一家很大的協會，除了成立初期創始募集善心款項外，所有的社區救助款都必自給自足，向社會大眾募集取得，因此組織架構自然不是很大，也不可能有獨立或者技能超高的資訊專才（IT），有關於網頁製作及設計，除了偶而會有志工協助辦理外，都是需要委外洽辦的，此時首要的是客戶資料保密防範策略，以及這樣的委外合約到期日為何呢？

二、這樣網頁的架構基本上網路串連方式大部份會採行「連結（hyper-link）」為主，因為製作起來很方便，甚至於網頁只要小小幅度的調整，不需要太高深的工程開發費用。

三、愛心捐款事業大部份都會希望多多益善，但是基本於建置金流服務的成本，所選擇的金流通路大多為信用卡，再者有金融卡的轉帳，還有便利商店的捐款方式，當然使用信用卡及存款帳戶內定期授權扣款的也很多，再者如果可以

使用電視遙控器轉帳的話，那就真的除了多增加捐款來源外，還可以提升知名度及社會形象。

四、經費有限所以真的要逐一收取表定的金流服務費用似乎很難，但是金流服務的建置成立尚在，因此一般而言，金融機構針對這樣的組織團體，基本上是以協助社會公益大於實質的利潤收益，僅只於收取最基本的成本分攤費用而已。

五、捐款收到及入帳後，當然是要有明確的捐款來源資料，這樣才可以方便記帳，並且提供目的事業主管機關的帳務正確查察。除了存款帳戶資料核對外，有些金融機構還有提供（書面或電子檔案）銷帳報表或管理系統，讓客戶有更進一步的資料可以比對，當然如果更加聰明的話，應該會發現適時使用「虛擬帳號」將會更有效的提供對帳效率。然而對於使用宣傳海報或者是協會（基金會）固定發送的刊物，直接到金融機構或 ATM 繳款的話，這樣的對帳方式又是一項金流服務的效率化功能。

六、網路架設如果是採行委外的方式進行的話，那就要再深入洽詢金流服務是否也是委託同一家系統資訊廠商，是否金流服務系統連結處理問題。然而這樣單純的網路串連「連結」功能，應該只要受理銀行服務即可。

表 5-5　金流服務檢核表

申請人：有愛心慈善協會	系統平台--自建.委外.租用	連結方式--互動.連結	金流通路--金融卡.信用卡.便利商店.其他	成本＆收益	入/銷帳問題	金流公司
建置前	洽詢	洽詢	洽詢	洽詢	洽詢	洽詢
建置中	瞭解	洽詢	洽詢	洽詢	洽詢	洽詢
完成	瞭解	瞭解	瞭解	洽詢	洽詢	洽詢
■前期 □中期 □完成	無 IT 部門，委外架設網站	連結網頁後進行金流服務	金融卡、信用卡、便利商店、電視轉帳	經費有限公益大於實質收益	提供簡易的銷帳查詢系統	好服務銀行
重點	資料外洩.委外.合約牽絆	資料傳送技術能力.系統延伸	資料外洩.委外.通路擴充＆替代	資料傳送.技術能力.系統延伸	資料傳送＆技術.效率	決策.未來性

例二、更新科技大學申請案（系統建置中期）

九月廿八日（溫和）更新科技大學向木連銀行申請代收服務，承辦經手人陳二親切拜訪後爭取服務，洽談內容如后（表 5-6）：

一、更新科技大學是一家科技大學，所以一定具備科技專長人才（資訊系），由於資訊系主任爲首的系統建構及規劃，所以所有資料都將有完善的防火牆安置，並且將內部及外部網路進行切割，防止有外部有心人士藉由網路侵入學校內部系統。至於學校的委外合約還是都建構在學校的主系統之中，所以比較沒有合約的牽絆問題。

二、這樣網頁的架構基本上網路串連方式大部份會採行「互動」爲主，因爲學校的資料環環相扣，提供學生自行登錄，進行註冊、選修、加（退）選修、繳學費及其他學生事務，所以當然希望學生（或學生家長）可以自行使用網路進

行繳納學費，如此一來，學校註冊組只要查詢繳款情形，立即可以掌握最新狀況，而會計組方面也可以掌握每月（隨時）的收支情形，並進行有效率的預算作業。

三、更新科技大學現行已經有合作的金融機構，所以信用卡的金流服務早已架設上線運作，本次的申請案希望能補足及加強金流服務，金融卡的網路使用通路以及便利商店與郵局的代收款服務，應該可以提供學生（或學生家長）更加便捷的服務，同時也可以降低原有採行信用卡繳學費的龐大手續費支出，還有延期入帳的情形。其中有關便利商店及郵局的代收款方式，大都會採行書面的學雜費繳款書，只不過是要將不同的繳款通路資訊逐一詳細登載，並明確的印製不同的繳款通路使用條碼，如此一來，繳款者才會一清二楚，真正感受方便性。

四、收入與成本議題真的很重要，如果少了利潤而只有負擔成本，那肯定不會持久。但是這樣的客戶既然已經有了合作金融機構，現在的往來原因多半為授信業務的搭配服務，或者是原有合作的銀行無此項金流服務，所以不管過程如何幸福，收入與成本共同考量才會長長久久。

五、更新科技大學的資訊系負責整套系統的維護與建架，所以只有依客戶指定的時間，提供系統檔案傳輸，或者提供管理系統，可以自行下載可以使用的檔案格式即可，其餘銷帳作業將會自行妥適處置。

六、更新科技大學的資訊系統自主化，所以可以單獨立自行串連金流服務金融機構。

表 5-6　金流服務檢核表

申請人：更新科技大學	系統平台--自建.委外.租用	連結方式--互動.連結	金流通路--金融卡.信用卡.便利商店.其他	成本＆收益	入／銷帳問題	金流公司
建置前	洽詢	洽詢	洽詢	洽詢	洽詢	洽詢
建置中	瞭解	洽詢	洽詢	洽詢	洽詢	洽詢
完成	瞭解	瞭解	瞭解	洽詢	洽詢	洽詢
□前期 ■中期 □完成	無IT部門，委外架設網站	互動網頁後進行金流服務	金融卡、便利商店、郵局	成本＆收益兼重	提供的銷帳查詢及下載系統	木連銀行
重點	資料外洩.委外.合約牽絆	資料傳送.技術能力.系統延伸	資料外洩.委外.通路擴充＆替代	資料傳送.技術能力.系統延伸	資料傳送＆技術.效率	決策.未來性

例三、不來電電信公司申請案（系統建置完成期）

十二月廿五日（小雪）不來電電信公司向手耳銀行申請代收服務，要求承辦經手人陳三前來服務，洽談內容如后（表5-7）：

一、不來電電信公司是一家很優質的電信公司，擁有超強的系統能力，但是由於母公司旗下的子公司太多，而且個個業績掛帥，可是相互申請的門戶之見牆壘高築，正因此不來電電信公司會邀請有可能（及有意願）的金融機構，前來洽談金流服務業務。只不過這樣的案件困難度十分高，因為不來電電信公司會要求金融機構及其合作系統資訊廠商，一定要完全符合不來電電信公司的系統規格，並且還有可能要順便研擬後台的會計帳務相關系統及報表問題。

二、網路串連方式一定是採行「互動」的，只不過系統資料的傳輸次數及時間與方式，需要多加注意。

三、不來電電信公司現行已經好幾合作的金融機構，雖

然信用卡及金融卡的金流服務早已架設上線運作，但是所有的系統資訊基本上都是屬於不來電電信公司內部擁有，即使用是委外合作架構的子系統，亦建架在不來電電信公司的母系統網路平台之下，然而再進行內部與外部系統的防火牆設置，原則上應該沒有資料外洩疑慮（先前曾有發生過客戶資料外洩事件係因員工的個人違法行為，現已嚴格把關）。本次的申請案希望能大力協助這家子公司的創新提案，架設專屬的網路商場服務系統，同時由於不來電電信公司屬於業界大老，故財大氣粗的要求所有與會的金融機構或相關廠商全數人員，進行簽立保密協定，會議內容保密及嚴懲要求，雖然網路商城的架構已經是市場上平常的經營方式與內容，但礙於客戶的強勢要求，協力廠商或許只能默默不語，但是至少有關於客戶資料的保密規劃，應該會有更高於一般化的處置。另外有關於通路的規劃，因為是彙集眾多金流服務業界高手與會，所以應該會具高水準的彈性空間，及足夠的擴充機會。

四、收入與成本議題雖然真的很重要，但是遇到如此的大型客戶，似乎會朝向薄利多銷的方式進行合作，收入方面的減少或許還可以附帶要求不來電電信公司增加旗下的其他業務，或者是免費取得網頁或其他的媒體廣告曝光的機會，這樣也是形同廣告費用節省、業務推廣層面增加及知名度提升的效益。而成本方面，或許可以要求協力廠商自行吸收開發費用，因為上線交易後的利潤分享應該有機會產生薄利多銷的收益，再者能與這樣知名的大集團業務合作，表示其業務相關能力十分優質，也有形象面的提升優勢。不管如何，

就是不能單方面損失妄想。

　　五、不來電電信公司系統資訊能力超強，一定會要求在指定的時間，提供系統檔案傳輸，並同時提供管理系統，可以自行進行查察，或下載另行製作管理報表使用，然而有關的會計帳務及管理報表，也同時會要求配合製作成符合不來電電信公司現行內部規定的格式。

　　六、不來電電信公司資訊系統自主化，所以可以單獨立並隨時選擇串連金流服務金融機構。現行合作的金融機構如果依約定進行建置成本，花費了諸多的人及物力，這樣的合作方案是否真的具有未來性及擁有安全感的保障，值得深思一下～～～

表 5-7　金流服務檢核表

申請人：不來電電信公司	系統平台--自建.委外.租用	連結方式--互動.連結	金流通路--金融卡.信用卡.便利商店.其他	成本&收益	入/銷帳問題	金流公司
建置前	洽詢	洽詢	洽詢	洽詢	洽詢	洽詢
建置中	瞭解	洽詢	洽詢	洽詢	洽詢	洽詢
完成	瞭解	瞭解	瞭解	洽詢	洽詢	洽詢
□前期 □中期 ■完成	無IT部門,委外架設網站	互動網頁後進行金流服務	金融卡.信用卡	成本&收益兼重	提供的銷帳查詢系統	手耳銀行
重點	資料外洩.委外.合約牽絆	資料傳送.技術能力.系統延伸	資料外洩.委外.通路擴充&替代	資料傳送.技術能力.系統延伸	資料傳送&技術.效率	決策.未來性

第六章　個案介紹與分析

個案 ── 烏龍的網路釣魚事件

時間：民國 102 年 3 月 12 日晚上 17:45

設備：HTC　A8181 智慧型手機

系統：Android/TM

連結：C@T WiFi

背景：Taipei Free 及 New Taipei Free 均提供使用登錄會員密碼，即可免費使用 WiFi 連結上網，一切免費！！　一二個月前，X 華電信亦廣告播出，即將為自己的客戶推出 WiFi 服務！

案情：由於小絲平常就是 X 華電信往來很久的忠實客戶，使用廿十多年！最近擁有智慧型手機後，用慣了 Taipei Free 及 New Taipei Free 這種免費但是〈吃不飽專案〉連結上網，今日適逢手機自動搜尋到 C@T WiFi 連結，想想....就一不小心，點選看看是否真的可以連結！沒想到真的迅速連上了！！真的很優！

連結上後，系統立即產生一則通知，劃面占滿了手機螢幕，內容約略為：每分鐘一元，如果不使用的話，可以按〈登出〉功能鍵退出，或另行使用 http://88.wife/亦可以按〈登出〉功能鍵退出！！似乎很貼心～～～

但問題出現了……小絲連結上時，心慌了！爲何要收費卻未能先行通知是否同意使用，就開始計費了！！而且可悲的是……手機上的畫面爲何找不到〈登出〉功能鍵呢？趕緊輸入 http://88.wife/，可是一樣找不到〈登出〉功能鍵耶！只有列出一大堆相關搜尋網址訊息，忙碌及無助中才試想找找剛剛搜尋到的使用說明內容，發現如果未登出但有中斷連結時，十分鐘後系統亦會主動中止！！

經過 3 月 12 曰 20 時及 3 月 18 日 12 時的客服聯絡，問題結果依然未知！還有儘管是 3 月 12 日 20 時及 3 月 15 日 22 時通報〈網路釣魚通報窗口〉http://www.apnow.tw/，一樣石沈大海！消費者真的是俎上肉！！！

分析：本案問題如下 ——

A. X 華電信系統測試未周全，產生部份手機及作業系統無法出現〈彈跳視窗畫面〉，所以消費者無法在使用前先行得知〈計分收費〉；同時，亦無法出現〈登出〉功能鍵！

B.〈網路釣魚通報窗口〉http://www.apnow.tw/的負責單位亦爲 X 華電信，因爲護短而拒絕接受及承認錯誤；所謂釣魚網站，係指消費者因資訊不充足，而產生非自願之消費情事，其消費不當之責應全數歸咎於網路設計者及提供之公司。

C. X 華電信公司客服表示，建議消費者應〈關閉 WiFi 自動搜尋功能〉！？或者說是應該建議〈封鎖 C@T WiFi 的連結〉，還是建議改申請其他電信業者服務，這樣子應該比較實際吧！！

個案 6-1　第三方支付業務

小麗問道：最近常常聽到「第三方支付」，哪是啥呀！？

其實，第三方支付依字面上解釋，就是買賣雙方交易過程，洽請第三者（小三）協助帳款交付，就好像是現在很流行的便利商店代收，到便利商店或金融機構就可以代繳水、電、瓦斯費、學費等。

【流程剖析】

〈買賣商品或勞務交易〉

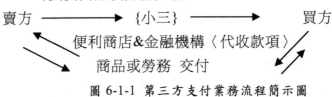

圖 6-1-1　第三方支付業務流程簡示圖

小麗所問到的「第三方支付」，其實是早在很久以前就有的交易模式，除了現在比較普遍的便利商店代收、金融機構代收、設備（ATM、網路銀行、全國性繳〈費〉稅、ACH、信用卡等）代收外，現在電信業者也悄悄地加入戰局，提供電信會員客戶，併入電信帳單一起繳費的便利性，藉此凝具顧客的忠誠度，同時招攬客戶的來客數增加。

【兩岸情況分析 ── 第三方支付業務】

除了現行周遭的各種形式代收業務外，中國方面又是如何呢？

A.現行中國第三方支付業務的發展蓬勃，如：淘寶的支付寶、上海環訊、北京首信、雲網支付、網銀線上等。

B.提供的交易模式，並不僅止於商品或勞務的交易，還有帳務轉帳、大額交易（如貴金屬、不動產、進出口貨款），這與台灣金管會規定不一樣(銀行法第 21 條非經設立不得經營銀行業務)。在台灣這類的交易模式是屬於金錢業者特許的營業項目，非經許可不得經營！這也就是爲何中國的第三方支付業務，無法在台灣完全適用，還需要面臨法規的考驗與調整！

C.台灣的第三方支付工具，原則上普遍都是使用現金、金融卡或信用卡。但是中國卻是以帳務移轉，或使用銀聯卡（類似台灣具有刷卡功能的金融卡及 COMBO 卡）。

D.所謂「帳務移轉業務」（如圖 6-1-2）：一般簡單化的帳務移轉，即是由會員 A 君自行使用該會員系統平台，進行帳務移轉至會員 B 君的帳戶內，其中作業流程中涉及要件包括：

a.原則上 A 君與 B 君均屬同一會員體系；或者爲具有合作關係（業務、清算、交割、認同）的共用系統平台，亦可進行帳務移轉交易。

b.帳務移轉業務的指示，多半是依會員所提出申請的內容，而賦予的交易方式，如使用手機電話、e-mail 信箱等謀合媒介。

c.雖然帳務已確實移轉完成，但終究只是在會員系統平台上的（單純）數字移轉，全數的金額仍然還是在系統平台企業象牙寶塔內！

d.如果要將金額自會員帳戶中，移轉出來的話，要再繳交帳戶提領費（大約 3.6% 手續費）。

　　e.交易金額多以小金額為主。

會員 A 君　　　　　　　　　　　　　　　　會員 B 君
　　　　　　　第三方支付之會員系統平台

圖 6-1-2　中國第三方支付系統之帳務移轉業務流程簡示圖

　　E.所謂「銀聯卡」交易模式（如圖 6-1-3）：係向當地的
銀聯卡組織申請，加入成為金流行銷重要角色！然而與帳務
移轉業務不同之處在於（如表 6-1-1）交易模式的不同，還有
金額上限方面，銀行聯卡具有絕對性的優勢！而且交易內容
還不一定有商品／勞務的對價行為，有時候還有些特殊交易
模式的情形，如貿易（L/C）交易、不動產及貴金屬買賣等。

會員 A 君　◄─────────────────►　會員 B 君
　　　　　（使用）銀聯卡之會員系統平台

圖 6-1-3　中國第三方支付系統之銀聯卡交易模式流程簡示圖

表 6-1-1 銀聯卡與帳務移轉業務比較表

	銀聯卡平台	帳務移轉平台
平台建置	自有建置/獨立經營	自有建置/獨立經營
交易對象	會員間	會員間
交易內容	帳務移轉/交易割款	帳務移轉/交易割款
金額	大	小
交易模式	網購.L/C.不動產.貴金屬.拍賣	網購.一般帳務移轉
區域平台	各省/市獨立建置　中央總控管	單一系統
申請對象	各省/市及中央　均獨立申請	單一系統

註：

1. 銀聯卡平台係為國家直接經營之系統平台，各省/市及中央均可獨立申辦，惟交易資料均集中傳送到中央銀聯卡系統平台，進行總清算及分流作業，故手續及時間需要較多，同時系統安全及風險控管能力均要求較高。
2. 帳務移轉平台係為民間系統公司申請主管機關核准後獨立經營，故客戶無需作任何的區域申請區分，但由於地域性的幅員遼闊，因此系統平台仍需依區域、流量等因素，進行系統分流，以提升交易效能。

《延伸案例 ── 徵信問題》

100 年初，傳出中國有家第三方支付系統業者，會員資料 1,000 餘筆外流的情形，使會員個人資料保密機制倍受質疑，亦因此該公司在那斯達克的股價，當日爆跌！帳務移轉業務交易模式主要以網購為大宗，亦有傳出交易真實性問題，有不肖人士假以網路業者，向第三方支付系統業者，申請代收交易款項業務，而運用此模式，進行真收款不出貨的詐騙行為，此倍受社會批評，該第三方支付系統業者對申請的廠商，徵信未落實，致有網路商場出現假交易的詐騙機會。

《延伸案例 ── 次特店》

98 年間，在台灣有幾間知名的金流系統公司（或稱為次特店系統公司），除了原本主要業務（建置系統與網站、提供系統平台、代收款項外），加入了 CACINO（簽賭）業務，提供使用者利用網路平台，進行簽賭！嚴重違反社會風俗與

道德規範，致使不知情的銀行，有涉及協助收款之虞！正因如此，原本此類型的金流系統公司，變成藏污納垢的特店公司，主因是特店申請程序，原本就是由特店直接向銀行申請，再經由銀行審核後，提供特店代號及刷卡設備，或協助網路商城建置網路刷卡功能；但是由於小型商家或八大行業（特種行業）是無法向銀行申請刷卡業務，所以有次特店加入經營模式中。特店與次特店經營模式，如圖 6-1-4 至圖 6-1-6 所示。

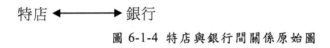

圖 6-1-4 特店與銀行間關係原始圖

圖 6-1-5 次特店與銀行間關係原始圖

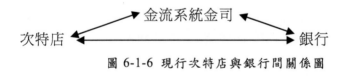

圖 6-1-6 現行次特店與銀行間關係圖

　　銀行刷卡業務包含：要給聯合信用卡中心的手續費、軟體成本分攤及相關費稅，每筆交易跨行刷卡約 1.8%、自行卡約 0.2%，所以一般而言，特店申請刷卡手續費約為 2～3%。但是次特店系統公司以自己名義向銀行申請一戶特店，然後

再自行連結各商店（俗稱次特店），由於團結力量大，每月平均餘額高，所以申請的刷卡手續費率約 1.8～2.0%，而各個次特店由於申請無門，所以刷卡成本高（約 3～8%）。再者，銀行刷卡金額的撥款，一般而言大約 5～7 個銀行營業日，但次特店系統公司撥款周期約 30～46 天（日曆日），所以次特店系統公司享有中間差異的資金收益。

　　有鑑於此，主管機構嚴格要求各銀行受理次特店時，應變更原本兩兩合約（銀行-次持店系統公司，次特店系統公司-次特店），改成三方合約（銀行-次特店系統公司-次特店），如表 6-1-2，以避免再發生有銀行撥款後，次特店系統公司未撥款之情形，且減少有不當業者運用此模式，進行不當或不法交易。

　　次特店的合約關係從兩兩雙方合約改為三方合約時，次特店的刷卡成本大幅下降。主因是三方合約關係時，銀行即需負責特店與次特店的審核，因此原先的特殊行業及公司行號，將有審核通過的難度！所以可以經過銀行審核通過的次特店，其刷卡手續費將列入較正常的市場價，約 2.60%～3.00%。而次特店之所以會繼續採行三方合約，是因營業額太小、交易量不大，或系統及網頁需要特店（次特店系統公司）的服務。此後，原有的特殊行業的申請案，或許將產生更高明的技術性調整。

表 6-1-2 銀行、特店、次特店關係比較表

	銀行&特店	銀行&特店&次特店
合約關係	兩兩雙方合約	三方合約
	銀行&特店　特店&次特店	銀行&特店&次特店
特店審核權	銀行審核特店	銀行同時審核特店&次特店
	特店審核次特店	
成本（他行卡）	銀行-1.70%～1.80%	銀行-1.70%～1.80%
	特店-1.80%～2.00%	特店-1.80%～2.00%
	次特店-3.0%～8.0%	次特店-2.60%～3.00%
撥款作業	銀行撥款→特店（全額）	銀行撥款→特店（合約佣金）
	特店撥款→次特店（扣佣餘額）	銀行撥款→次特店（扣佣餘額）
撥款天數	銀行→特店：5～7 個營業日	銀行→特店：5～7 個營業日
	特店→次特店：30～46 個日曆日	銀行→次特店：5～7 個營業日
撥款責任	銀行→特店：銀行	銀行→特店：銀行
	特店→次特店：特店	銀行→次特店：銀行
撥款風險	特店：無	特店：無
	次特店：特店的延撥或不撥款的風險	次特店：無

《小常識 —— 次特店的撥款問題》

有關於次特店常常會產生疑問，爲何以往次特店系統公司發生財務問題，或者是產生撥款糾紛時，直接找該次持店系統公司業務合作的銀行時，竟然是「拒絕受理」！主要原因分析如下（表 6-1-2）：

A.銀行的簽約對象：次特店系統公司 （次特店的簽約對象是次特店系統公司）。

B.銀行的撥款對象：次特店系統公司 （次特店的撥款來源是次特店系統公司）。

C.銀行與次特店的關係：只有業務轉接連結，無直接業

務關係，且銀行亦未能得知該類型次特店的存在與否。

D.次特店的帳務求償權：僅能向契約的對象（次特店系統公司）提出求償權，而銀行方面對該類型次特店因為未能得知相對人，所以無任何義務與權利。

E.次特店選擇次特店系統公司的考慮因素：業務瞭解度、銀行往來程度、系統及網路的協助度、自身行業的特殊性等。

F.產生次特店系統公司的市場因素：大部分銀行僅提供單一業務服務、銀行未提供系統建置及資料庫存放服務、可整合銀行及其他代收服務、特殊行業有申請困難的情形、銀行金流從業人員的效率及積極度相對較不足。

個案 6-2 虛擬帳號業務

小嫻是家幼稚園的園長，以前家長都是來幼稚園接小朋友時，順便使用現金繳學費，但是最近有家長反應，是否可以在網路上，或接小朋友時，使用金融卡扣款轉帳呀！不然～領現金很麻煩，而且如果金額不符，或者早上送小朋友上學時，學費放在書包裡卻遺失了，那責任很難釐清！此外，還有…幼稚園對於主動匯款的家長，除非有匯款收據，否則真的很難對帳！

【流程剖析&問題發生】

圖 6-2-1 小嫻幼稚園的學費收款流程簡示圖

　　如同小嫻幼稚園繳費流程（圖 6-2-1），現行幼稚園、工（公商）會、捐款機構、社區管委會，最常使用的繳款方式為現金、匯款、郵局劃撥等方式收款。使用現金或實體帳號的金流方式，常發生的問題如下：

　　A.臨櫃收到現金：幼稚園人員的點數金額的正確性、真鈔的識別、現金庫存及回存銀行的對帳及送款路程安全性。

　　B.現金放書包：由於接送小朋友上下學時間匆忙短暫，所以常有家長將現金放入幼稚園準備的學費信封裡，次日上學時再交由幼稚園自行收款及清點，這如果發生現金不足、假鈔、遺失等問題時，將有溝通上的挑戰！畢竟這種模式是不得已的信任式交易模式。

　　C.匯款繳納：有些家長不喜歡領現金的麻煩，所以會使用金融機構臨櫃、ATM 轉帳、網路銀行轉帳方式，完成匯款繳納。一來可免除現金提領與清點的麻煩，二來又有留存繳款憑證，只不過是需要多支付匯款手續費。但是，幼稚園如果沒有收到家長提供的匯款收據聯，那麼就有點不好核對帳務了，因為不知道是那位小朋友繳納學費，尤其是如果同一天且金額相同的話，那難度加倍！

【虛擬帳號是什麼】

　　所謂虛擬帳號，是指可以幫助銷帳的一種工具，而且能夠符合財金公司的系統規格，進行跨銀行間的帳務移轉使用，類似金融機構實體帳戶編號的交易功能，卻不需要開立真正的存款帳戶。與實體帳號一樣，各家金融機構的虛擬帳號編碼規則及長度，均有所不同。（如表 6-2-1）

表 6-2-1 不同形式虛擬帳號編碼規則範例比較表

編碼	3 碼	6 碼	6 碼	6 碼
檢核碼	無	無	1 碼	1 碼
檢核方式	無	無	前面數字合計之個位數字	並列計算帳號及金額之混合運算之數字
申請成本	最高	中等	中等	中等
主機負擔	最高	中等	中等	中等
程式難度	低	低	中等	最難
使用範圍	最廣	多	多	最少
使用對象	信用卡	社區 學雜費 網路商城	社區 學雜費 網路商城	期貨入金 網路商城

【問題解決】

使用虛擬帳號可以解決現金或實體帳號的金流問題，建議如下：

1.提供客戶最便捷的繳款服務，如便利商店或網路繳款方式；期以降低現金清點及偽鈔辨識的風險。

2.使用虛擬帳號，協助辦理客戶繳款資料之銷帳作業，亦可避免不易辨識繳款人或重覆繳款卻查不出來之困境。

3.提供多元化的金流作業規劃，解決尖峰時間客戶繳款混亂，或有現金保管及找零之困擾產生。

《延伸案例 ── 虛擬帳號的應用》

以往莘莘學子為了求功名，或者有需要求取神明保佑時，一般而言，都是需要到寺廟去求取平安符、點光明燈及拔智慧毛。現今社會網路發達，傳統觀念大幅轉變，產生快速的消費行為模式。貼心的寺廟已在網路上安排求取平安

符、點光明燈及拔智慧毛等服務，並產生一組虛擬帳號，提供網路族捐款的便利性，並期以增加香油錢捐款的來源。（讀者有興趣的話，敬請上網試試，真的會拔智慧毛唷！）

個案 6-3　社區代收業務

小承住在板橋車站附近的大樓，今日又到了社區管理費繳費的最後期限，由於本社區只有與「真好賺銀行」合作，所以又要在 3 點半以前，趕到銀行繳費，要不然匯款的手續費有點貴哩！可是，為何同事都可以到便利商店繳款呢？

【流程剖析】

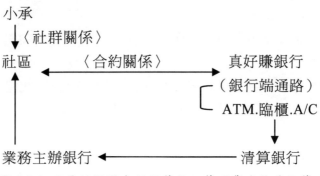

圖 6-3-1　小承的社區與銀行簽約之管理費代收流程簡示圖

如圖 6-3-1，小承住的社區主要是因為與「真好賺銀行」簽約，負責協助代收社區管理費，提供的繳費方式主要仍是以自家銀行的通路為主，所以小承只能選擇：A.到「真好賺銀行」臨櫃繳款；B.使用 ATM、網路銀行或匯款到「真好賺銀行」的社區帳戶裡！

【問題解決】

一般而言，社區與銀行簽約內容，應該都會提供較多的繳費方式及優惠（如圖 6-3-2）：

A.銀行端通路：ATM、臨櫃、A/C（匯款）、ACH（帳戶授權扣款）、E-BILL（全國性繳費〈稅〉業務系統）、信用卡、儲值卡。

B.便利商店端通路：統一（7-11）、全家、萊爾富、OK等四大便利商店為主。

C.社區主要係以其每月（定期）代收管理費（水及瓦斯等），所產生的手續費收益及衍生的活期與定期存款之優勢；常常會要求銀行：降低代收手續費、提高存款優惠（代扣帳戶之利率、ATM 跨行提款/匯款之優惠、到府服務、提供代收服務系統）。

D.銀行端所提供的通路，除了自身系統負擔的沈沒成本外，還要支付便利商店代收成本（代收金額 2 萬元以下每筆10 元，2 萬～4 萬元每筆 16 元）及稅賦（營業稅與印花稅），所以一般定價大都為每筆 17～20 元，如果降低或完全不收的話，則一定要細算社區管委會及住戶們，所衍生的存款收益是否足以支付表定成本與人事費用，進而產生收益，否則其未來性的金融服務收益實在難以掌握！

E.企業端通路：現行社區代收流程，主要角色不再是只有社區、銀行及便利商店，也有些案件是由企業端（或稱為系統公司）引導，此時除了原有流程外，另外可能會併入合作連盟（如簽約餐廳、洗衣店及照相館等周邊社區生活機能服務，甚至於跨社區商圈或網路商城之共同消費使用平台），

因此有專屬識別儲值卡或通用的禮券。

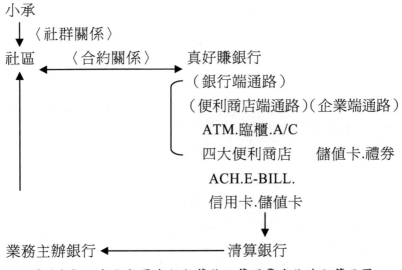

圖 6-3-2 一般化社區與銀行簽約之管理費代收流程簡示圖

《延伸案例》

96 年間，在新北市三峽區 X 大社區（約有 300 個社區）就有一家金融機構，為了要大幅吸引所有社區的往來，進而提出合作方案：A.協力廠商之社區系統使用費 1 萬元成本自行吸收；B.便利商店代收成本每筆 10 元自行吸收！

這家銀行提出如此優惠合作方案的主要原因，是因該銀行期待社區的未來金融衍生服務，如存款增加及理財業務的產生；但歷經 2 年的犧牲服務後，社區要求逐步增加，並不會因為該銀行成本完全吸收，而降低要求服務的渴求，因為「銀行能有合作機會，就應該要感謝了！」反觀，銀行端原

本的如意算盤，卻因為深根不足，完全沒有任何衍生收益，更何況每個社區管委會的活期存款餘額，也平均只有 30~40 萬元，就算是豪宅社區管委會也大約只有百來萬元活期存款平均餘額而已，其餘長期性定期性存款就銀行資金成本而言，都是虧本的！最後，全數撤出該地區的社區服務，真是「賠了夫人又折兵」，花了這麼多時間及成本，卻未曾帶來任何效益，反而造成銀行形象受損的悲劇收場。

【通路的選擇考量】

一般而言，通路的選擇方向為：

A.銀行端：通路提供的多寡，主要在於銀行會評估自身的系統負荷、客戶銷帳便利性、成本因素、人事費用及客戶所衍生的服務效益，最後，才會決定提供何種銀行通路。

B.便利商店端：選擇獨家便利商店合作或四大便利商店共同服務的考量，在於應支付給便利商店的代收成本、銷帳方式及業務配合度因素。

C.企業端：是否有合作的儲值卡或禮券可供使用。

然而，在選擇通路時，常常需要加入一起考量的因子，如：手續費成本所衍生的效益性、設備建置成本及時效性、人力需求及妥適性、現行系統及作業流程調整過程的難易度與即時性、新的作業模式及系統的操作學習及使用的方便性等。因此，通路的選擇常常會有階段性建置歷程：

第一階段

銀行端通路：（ATM、臨櫃、A/C（匯款）

第二階段

銀行端通路：（ATM、臨櫃、A/C（匯款）、ACH（帳戶授權扣款）、E-BILL（全國性繳費〈稅〉業務系統）。

便利商店端通路：統一（7-11）、全家、萊爾富、OK等四大便利商店爲主。

第三階段

銀行端通路：（ATM、臨櫃、A/C（匯款）、ACH（帳戶授權扣款）、E-BILL（全國性繳費〈稅〉業務系統）、社區儲值卡、提供系統平台（建檔、印單、銷帳、代印報表及繳款單據）。

便利商店端通路：統一（7-11）、全家、萊爾富、OK等四大便利商店爲主、便利商店儲值卡（如 i-cash）、便利商店帳單列印服務（如 i-bon）。

第四階段

銀行端通路：（ATM、臨櫃、A/C（匯款）、ACH（帳戶授權扣款）、E-BILL（全國性繳費〈稅〉業務系統）、社區儲值卡、提供系統平台（建檔、印單、銷帳.代印報表）、線上繳款（信用卡/金融卡）。

便利商店端通路統一（7-11）、全家、萊爾富、OK 等四大便利商店爲主、便利商店儲值卡（如 i-bon）、便利商店帳單列印服務（如 i-cash）。

企業端通路：結合銀行端及便利商店端的通路服務網，提供社區方便使用的系統平台、社區專屬的儲值卡、合作廠商的禮券。

第五階段

邁向業務的整合性服務～～

社區住戶早上出門進入電梯，「小承先生，早安！今日天氣多雲有雨，出門開車搭車請小心，還有請記得要帶把傘！」上了計程車或搭公車／捷運時，同次使用同一張社區卡，便利商店買份早餐還是使用同一張社區卡，就算到了醫院看診也是一樣！回到家時，大樓門禁及電梯：「小承先生，您回來了！辛苦了！」、「小承先生，生日快樂！」及「小承先生，請記要繳納這個月的管理費嘞！」

【便利商店端的延伸】

傳統上，使用四大便利商店求其便利性，但對於工作十分忙碌者而言，卻一點也沒有幫上忙！因為平常上班時間，從車庫開車到公司；下班從公司到回家，也是直接經由車庫後轉搭社區電梯回到家裡，不太有機會到便利商店！儘管社區一樓就有便利商店，不過實在是太累，不想再出門了！！所以，唯一的好朋友很可能就是「電視」！此外，還有假日時間會與家人到量販店購物！！

A.電視端：基本上電視的周邊商品 —— 機上盒，就是線上金流的重要角色。透過電視遙控器操作電視螢幕選項，就好像操作電腦滑鼠一樣輕鬆容易！例如：各種型式的電視線上金融服務網，或直銷業者直接提供入會會員「特殊規格內建」的電視台，提供會員進行會員內網（intranet）的網路商城，進行線上金流；一般而言，是提供金融卡直接轉帳交易，

但偶有提供選擇信用卡進行交易；其主要考量差異，在於帳務入帳的確定性問題，金融卡屬於立即性的直接轉帳，但網路形式的信用卡交易，持卡人擁有 6 個月期限的否認交易（待查）的權益。其餘認同（儲值）卡及禮券亦可為消費的支付工具。

　　B.量販店（如表 6-3-1）：便利商店主要是提供消費者直接、立即、便利為主的經營理念，因此藉由此種代收業務，每年創造 40 億元的手續費收益！假設有位客戶只想要辦理代收繳費單的話，從進門到櫃檯往返路程，最近距離或許只有 10 公尺！但如果採行量販店辦理繳費的話，往返距離至少應該有 100～600 公尺，當然這位客戶想必不會只有繳費，一定是順便辦理家庭物（食）品採買。所以一般而言，商品買賣金額應該大於 600 元以上，此時就合作的銀行業者而言，掌握繳費單所衍生的消費商機，所以應該擁有價格談判的發球權，每筆手續費，必定遠低於便利商店，且合作商機或許同時配合信用卡收單服務，同時再次打出「到量販店繳費，可以使用信用卡，金額上限加倍，帳單繳款加量不加價！」此外，量販店新的營業據點，亦會因為繳費合作業務吸引消費人潮，可以更加快速凝聚商圈！

表 6-3-1 便利商店與（H）量販店繳費單比較表

	便利商店	（H）量販店
規模	9,000 家	80 家
場所	30-60 坪	3,000 坪以上
動線	10 公尺	100～600 公尺
金額	?萬元或以上	2 萬元或以上
手收	10～26 元	10～16 元

消費	0 元	600 元以上
毛利	10～26 元	60～100 元

註：1.動線：指從進門到櫃檯往返路程。

　　2.手收：指每筆繳款單之手續費支付金額。

　　3.消費：係指除了繳納繳款單外，另行消費之金額。

個案 6-4　貨到付款業務

　　小容的公司同事最近聽說有家黑糖餅，很好吃！中間的麥芽糖夾心不黏牙，爽口又美味哩！所以大夥決定要打電話一起來團購，送貨到公司，而且最重要的是還可以選擇貨到付款，真的是安全又方便！

【流程剖析】

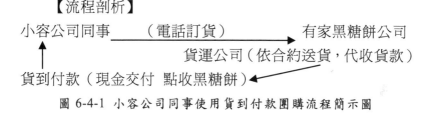

小容公司同事　　　（電話訂貨）　　　　有家黑糖餅公司

　　　　　　　　　　貨運公司（依合約送貨，代收貨款）

貨到付款（現金交付　點收黑糖餅）

圖 6-4-1　小容公司同事使用貨到付款團購流程簡示圖

　　如圖 6-4-1，小容的公司同事使用貨到付款方式，減少了交通往返、人員運送及賞味的等待期的困難度，只要輕輕鬆鬆按一下電話鍵盤，商家就立即安排送貨到府，而且還不需先行匯款，在收到貨款時點收並現金付款即可。

【問題&解決】

　　所謂的貨到付款業務，主要是有別於以往的商圈限制。

客戶使用電話、網路或其他傳播媒體工具，傳送訂貨需求，而商家再籍由規劃的程序予以確認訂單，比如說大都是回撥訂單聯絡電話，再次確認訂單內容、金額、送貨地點及時間、收貨人姓名、收款地點及方式等。最後，再洽請合作廠商進行貨品收送服務及貨款代收服務。只不過現行的貨到付款方式大多仍然是以現金為主！其實，應該還是可以採取其他付款方式（如圖 6-4-2）：

　　A.銀行端：金融卡、信用卡、儲值卡。

　　B.便利商店端：禮券、預收款繳款憑單。

　　C.企業端：悠遊卡、儲值卡、禮券。

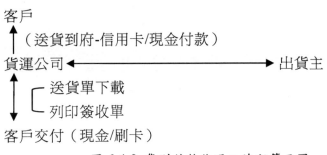

圖 6-4-2　貨到付款收現之流程簡示圖

　　除了收付款的通路選擇考量問題外，其實現金收款所衍生的問題亦不少：

　　A.司機先生的現金點收、真偽鈔的識別、現金運送的安全性、相關保險費的負擔。

　　B.現金收款還涉及找零，及其他多筆代收款合併彙整的難度。

C.結束每日送貨行程後，須依規定時間即刻回程繳清代收款項，衍生路途安排及作業的效率性。

增加提供多元化的收款方式，的確在流程導入初期，會產生適應期及業務熟悉度不足情形，需逐步導入。至於司機先生貨款收取方式為現金的問題，需要進一步調整流程（如圖 6-4-3）。

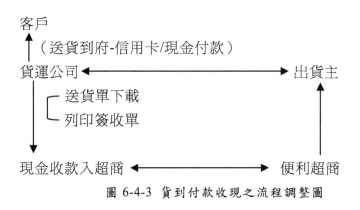

圖 6-4-3 貨到付款收現之流程調整圖

藉由便利商店 24 小時的經營特性及大型量販店的停車方便性優勢，的確最適合代理司機先生的巨額現金管理問題。只要每位司機先生先行向貨運公司請領「印有固定金額」的便利商店／量販量代收繳款單傳票本，每次依現金庫存金額，自行予以繳款使用。這樣調整主要優點：

A.減少司機先生的現金保管問題。

B.減少司機先生的定時趕回貨運公司的麻煩（甚至於不需要再回公司報到！）。

C.減少貨運公司營業處所的現金清點及保管問題。

D.減少對司機先生的面對面管理,改採行系統化全程監控。

E.減少現金庫存問題,期以達到零現金庫存餘額。

【金流工具的選擇】

貨到付款的金流工具:

A.現金。

B.信用卡。

C.金融卡或轉帳卡。

D.儲值卡(實體/訊息傳輸/手機感應)。

E.禮券。

F.點數卡。

【貨到付款的方式】

　　一般而言,所謂貨到付款,基本上可以直接聯想到貨運公司送貨時同時收款的業務。其實,還有其他不同的形式,表 6-4-1 貨到付款業務方式比較表:

　　A.郵局:除一般郵寄業務外,亦提供送貨到府時順便代收貨款服務;不過生鮮貨物較不適合。

　　B.民間郵件公司:類似郵局,屬於小型的郵件與貨運公司性質,距離以鄰近客戶為主要服務對象;但僅可傳送非生鮮的中小型貨品。

　　C.便利商店:便利商店門市多,客戶可自行選擇方便的地點,再依約定的時間內,自行取貨;生鮮貨品亦可服務。

　　D.特約商店:主要是因為上下游或周邊商業關係,進行合作行銷,招攬客戶上門,增加其他行銷機會;原則上仍以

非生鮮的中小型貨品為主。

表 6-4-1　貨到付款業務方式比較表

方式	貨運公司	郵局	民間郵件公司	便利商店	特約商店
服務內容	送貨+收款	送貨+收款	送貨+收款	自行取貨+收款	自行取貨+收款
服務地點	客戶指定	客戶指定	客戶指定	客戶指定最方便的商店	客戶指定最方便的商店
費用	高（視重量/大小）	高（視重量/大小）	高（視重量/大小）	低（自取）	低（自取）
費用結構	運費+手續費	運費+手續費	運費+手續費	手續費	手續費
到貨時間	最快	快	最快	慢（到貨後,再自取）	慢（到貨後,再自取）
常見業務	中大型貨物	中小型貨物/票券	大中小型貨物	小型貨物/票券	中小型貨物/票券
交貨方式	到交貨地收取	自行送交郵局	到交貨地收取	自行送到貨地	自行送到交貨地
訂貨方式	臨櫃/電話/網路	臨櫃/電話/網路	臨櫃/電話/網路	網路較多	網路較多
金流工具	現金/金融卡/信用卡	現金	現金	現金/儲值卡	現金/金融卡/信用卡/儲值卡
生鮮商品	部份可提供服務	不適合	不適合	可提供服務	視合作對象而定

註：1.所謂票券，係指欣賞音樂、影劇、車票、禮券等票券。

　　2.有關便利商店及特約商店的費用，如果合作商家是屬於自行送交指定地點的話，則運送費用是商家的內部成本，在本表中予以排除。但如果是便利商店及特約商店到商店取貨的話，則買方或賣方將增加運費負擔。

個案 6-5 公用事業費代收業務

小昊住在台北市元寶社區,定期收到水電瓦斯費繳費單據,常常要利用中午時間到便利商店辦理繳費,有點麻煩哩?

【流程剖析】

小昊住的台北市元寶社區,每月或每二個月會有公用事業機構定期寄來繳費單據,由每個住戶自行到就近或者方便的銀行去繳費,而小昊的往來銀行為賺很多銀行,所以會利用中午休息時間,抽空到銀行或便利商店辦理繳費,只不過中午時間人很多,辦起事來似乎蠻花時間的。

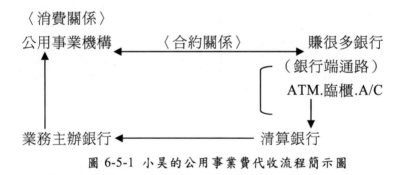

圖 6-5-1 小昊的公用事業費代收流程簡示圖

【問題&解決】

一般而言,公用事業機構與銀行簽約內容,應該都會提供較多的繳費方式(如圖 6-5-1):

A.銀行端通路:ATM、臨櫃、A/C(匯款)、ACH(帳戶授權扣款)、E-BILL(全國性繳費〈稅〉業務系統)、信用卡、儲值卡。

B.便利商店端通路：統一（7-11）、全家、萊爾富、OK等四大便利商店爲主。

C.銀行端所提供的定期授權扣款通路：臨櫃辦理代收，或者受理有簽約的公用事業機構委託，進行信用卡或存摺帳戶定期代收，還有網路銀行及 ATM 上的操作，自同一銀行的存摺帳戶扣取代收費用款項。

D.其他通路：有些客戶回到家中看電視時會不小心發現，就好像部分電信業者有提供（電視）線上金融服務一樣，使用電視的機上盒等類似方式，提供客戶使用晶片金融卡，再搭配運用手上的搖控器，進行轉帳、繳費（稅）及查詢餘額等服務項目。

【通路的選擇考量】

一般而言，通路的選擇方向爲：

A.銀行端：對於公用事業機構的費用，所提供的通路多爲臨櫃網路銀行及信用卡爲主，另外也有搭配 E-BILL（全國性繳費〈稅〉業務系統）及 ACH（帳戶授權扣款）。

B.便利商店端：藉由四大便利商店的輔助性代收款服務，推供客戶更加便捷的金流服務。

C.企業端：有些企業也有提供代收款的服務，如電信業者或者第四台有線電視業者，往往會同意使用小額的代理收費服，帳款及代理收費手續費於下個月帳單再同時收取。

D.其他通路：除了前面所提的通路外，公用事業機關及金融機構爲了提供更多的便民服務，所以也有些公用事業費可以使用電視（機上盒）的金融理財服務，進行繳費作業，

或者也可以使用線上的轉帳繳款功能，直接辦理轉帳作業，這樣一定可以達到即時繳費的便利性，而不用一定要線上有刊登合作連線的限定對象，這是因為繳費單據上，通常都會顯示有金融轉帳帳號（或虛擬帳號）。

E.在社區每月（定期）代收管理費時，社區同時代收公用事業費，提供住戶更佳便捷的服務，但是或許會有些疑問，公用事業費不是都是先使用後付款的嗎？怎麼可能可以併入每月代收管理費時，一併代為收款呢？這是因為社區在開辦代收管理時，會先要求住戶提供近3期帳單收據，或者自行填報近半年每月各類平均帳單金額，如此一來，平均上下的差異，再於下個月計算社區管理費時再行增減。

【小案例 ── 社區住戶團購】

小昊的社區在中秋想要舉辦中秋節晚會，住戶齊聚一堂討論時，住戶們想要訂購「麻豆的老欉文旦」，因為一次訂購 20 箱以上可以宅配到社區，而且採行貨到付款方式很便利。但是社區的中秋節晚會只需要 10 箱耶！此時小昊很聰明的想到，這麼好吃的文旦應該社區住戶也會有很多人想要買吧！否則大老遠開車到產地真的是傷神費財。經過 3 天公告，果然住戶登記共計 25 箱，與社區合計共有 35 箱，符合商店的最低門檻。

至於費用可以在住戶來取件時，一個一個收現金，但是小昊覺得很麻煩，而且還要一個一個找現金找零錢，社區總幹事及警衛又不是可以全責處理這樣的瑣事，因此建議加入近日正在彙整的社區管理費帳單中，如此一來也可以像公用

事業費代收方式，方便與社區管理費一起繳納即可。但其中有一件事件要特別注意的是，在訂購時，請各住戶要簽記住戶全名，並同意於近期社區管理費帳單中一併繳付 XX 項目金額○○元，且在文旦送達時，也是要像掛號文件一樣簽收，這樣才會滿圓周全。

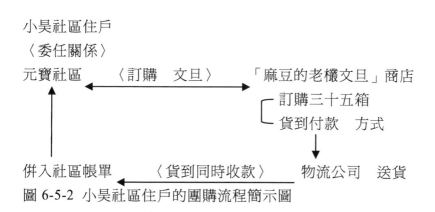

圖 6-5-2　小昊社區住戶的團購流程簡示圖

個案 6-6 學雜費代收業務

　　小玲就讀金大財金所一年級，開學後第一件重要的事就是要註冊與繳學雜費，這年頭讀書的成本越來越高。收到學雜費通知單時，發現繳費方式只有一項，就是要在辦理註冊入校手續時，同時攜帶現金繳納。可是青梅竹馬小邱就讀的高鑫大學管理所，就可以到指定銀行或者是便利商店繳納，可是為何金大財金所就沒有提供這麼多繳費管道方式？（圖 6-6-1）

【流程剖析】

現行小玲就讀的金大財金所的註冊費，學校要求到校辦理學期註冊報告手續時，同時繳納註冊費，而學校合作的錢不多銀行會派員來校服務，協助點收註冊費用，每日結束後再彙集存入學校在錢不多銀行的存款帳戶內。只不過，小玲每次為了註冊費一事，都需要先到 ATM 或銀行提領現金，小玲覺得十分麻煩，可是這是學校的註冊規定的流程。辦妥註冊手續後，可以自行登入學校網站，查詢註冊狀況及選課內容，還有進行加／退選課作業。

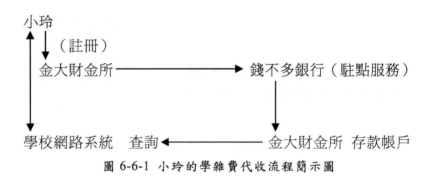

圖 6-6-1　小玲的學雜費代收流程簡示圖

【問題&解決】

小玲所就讀的金大財金所，是屬於很注重傳統的大專院校，學生到學校辦理註冊時，同時辦理學雜費的繳納，而為了收款的便利及正確性考量，找了學校教職員薪資轉帳戶合作銀行（錢不多銀行），派員駐點服務，協助開學註冊期間的學雜費收款服務。

其實一般而言，各級學校的學雜費應該都會提供較多的

繳費方式（如圖 6-6-2）：

A.銀行端通路：ATM、臨櫃、A/C（匯款）、ACH（帳戶授權扣款）、E-BILL（全國性繳費〈稅〉業務系統）、信用卡、儲值卡。

B.便利商店端通路：統一（7-11）、全家、萊爾富、OK 等四大便利商店為主。

C.銀行端所提供的定期授權扣款通路：臨櫃辦理代收，或者受理有簽約的學校委託，進行信用卡或存摺帳戶定期代收，還有網路銀行及 ATM 上的操作，自銀行的存摺帳戶扣取代收費用款項。

D.其他通路：就算回到家中看電視時，使用電視的機上盒等類似方式，使用電信業者所提供（電視）的線上金融服務一樣，提供客戶使用晶片金融卡，再搭配運用手上的搖控器，進行轉帳、繳費（稅）及查詢餘額等服務項目。

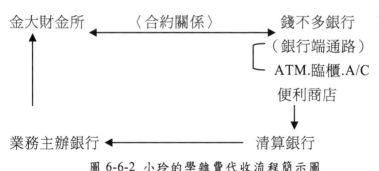

圖 6-6-2 小玲的學雜費代收流程簡示圖

【通路的選擇考量】

一般而言，通路的選擇方向為：

A.銀行端：對於公用事業機構的費用，所提供的通路多為臨櫃網路銀行及信用卡為主，另外也有搭配 E-BILL（全國性繳費〈稅〉業務系統）及 ACH（帳戶授權扣款）。

B.便利商店端：藉由四大便利商店的輔助性代收款服務，推供客戶更加便捷的金流服務。

C.企業端：有些企業也有提供代收款的服務，如電信業者或者第四台有線電視業者，往往會同意使用小額的代理收費服，帳款及代理收費手續費於下個月帳單再同時收取。

D.其他通路：除了前面所提的通路外，學校機關及金融機構為了提供更多的便民服務，所以也有些學校機關可以使用電視（機上盒）的金融理財服務，進行繳費作業，或者也可以使用線上的轉帳繳款功能，直接辦理轉帳作業，這樣一定可以達到即時繳費的便利性，而不用一定要線上有刊登合作連線的限定對象，這是因為繳費單據上，通常都會顯示有金融轉帳帳號（或虛擬帳號）。

個案 6-7 捐款業務

小容從小就是一位很乖巧的女孩，除了熱心公益外，偶然也會擔任慈善捐款義工，除了會員的固定捐款繳款單據，及網路捐款的方式，都會盡心盡力的協助，所分享的就是一種喜悅與關愛，祈求的則是平安與喜樂。但是要如何才可以幫助捐款者可以更加方便繳納善款，讓需要幫助的人可以得到更多的協助呢？

【流程剖析】

　　現行的捐款方式，大致上有：直接到慈善機構臨櫃辦理、設置的捐款箱、義工人員服務代收、金融機構匯款等等管道。慈善機關收款入帳，登記造冊並提供捐款收據。專款專用造福社會大眾，照顧社會弱勢族群，過程一切圓滿。（圖 6-7-1）

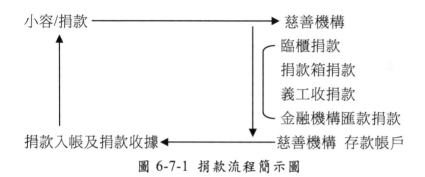

圖 6-7-1　捐款流程簡示圖

【問題&解決】

　　看起來應該是大致上就是如此了，過程還算完善，但如果再加以細究的話，就會發現似乎還是有點不方便。比如說，有一天，小容心想今天心情特別好，想要去捐款幫助更多人，但是如果要專程到慈善機構，似乎有點麻煩。（表 6-7-1）

表 6-7-1　**慈善捐款常見的問題列示表**

捐款常見問題	原　　　　因
捐款機構地點	為了捐款而去，有距離及方便性問題
商店捐款箱	不知道是捐給商店，還是真的捐到慈善機構
路邊募款	不知道是真的還是假捐款
義工代收服務	時間的搭配有時不方便，義工代收服務有人情上的壓力

金融機構匯款	要安排時間到金融機構
信用卡及帳戶扣款	一次捐款：擔心信用卡及帳務資料外流 定期扣款：如果不續扣款時，申請上有點麻煩
網路捐款	擔心網路上的資訊安全問題
雜誌會刊捐款單	要安排時間到指定金融機構或匯款
電視捐款	擔心連線上的資訊安全問題
便利商店捐款	帳單產生機：方便，但慈善機構手續費重 捐款箱：不知道是捐給商店，還是真的捐到慈善機構 捐發票：捐款機構編號不一定會記得 繳款單：如果忘了帶，就無法捐款
紅利捐款	方便，但不知道效益及真實性如何，亦無收據
刷卡的回饋捐款	不知道是捐給商店，還是真的捐到慈善機構

　　基本上，捐款行為應該是屬於善心的表現，值得讚揚，儘管是節稅用途的捐款行為，也是一種大愛。但是一般而言，卻有諸多捐款行動上的阻礙或遺憾，彙總觀之，大部分是屬於方便性、公信度、即時性等問題，這的確是慈善機構透明化的努力方向。

【小案例 ─ 會訊上的捐款單】

　　慈善機構為了讓社會大眾更多瞭解本慈善機構的運作情形，並建立廣大的社會公益形象，以及弱勢族群的申請管道暢通，定期會刊印會訊予各個會員及受捐者。（圖 6-7-2）

　　除了閱讀慈善基金會的各式社會公益及慈善捐款活動外，會訊上也會刊登這段期間的善心捐款者大名及金額，以及本慈善基金會的收支情形或簡略的財務報告表，讓各方大德都能一目了然地瞭解基金會的組織運作，最後會訊上一定也會夾帶一張捐款單，方便捐款行為，而這張捐款單大部分都是以郵局為限，並刊登其他的金融機構帳戶等資料。但是

要特定到指定的金融機構或採行匯款進行捐款的話，似乎有方便性未足夠的問題。

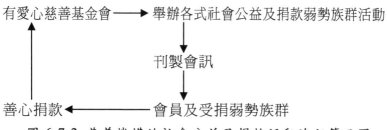

有愛心慈善基金會 ⟶ 舉辦各式社會公益及捐款弱勢族群活動

刊製會訊

善心捐款 ⟵ 會員及受捐弱勢族群

圖 6-7-2　慈善機構的社會公益及捐款活動流程簡示圖

　　由於會訊是委外進行印製的，所以慈善機構會為了會員資料安全問題，大部分都是請義工們自行將會訊裝入信箱，並貼上大德姓名。現在建議將作業流程調一下：（圖 6-7-3）

　　1.委外印製會訊。

　　2.設計捐款單並自行列印捐款單（內含封面姓名貼紙）。

　　3.義工自行將會訊＋捐款單，置入信封中並貼上大德姓名。

　　4.郵寄。

　　5.接受各方善心捐款。

　　6.功德圓滿。

　　其中有關捐款單的設計上，其實是可以並列原有的郵局通路，捐款單上可以同時有郵局＋銀行＋便利商店的二維條碼，讓捐款者有更多的選擇方便性。至於二維條碼的產生，當然也是依據原有的規則製作，大部分是採行會員編號彙編而成，每一位會員一定是獨立編號，這裡的捐款單上的二維

條碼也是獨立不重覆的編碼規則，而其中的編製上的議題，只是技術上的調整吧了！

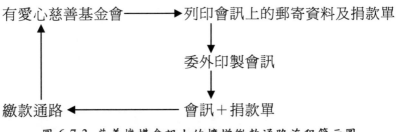

圖 6-7-3 慈善機構會訊上的擴增繳款通路流程簡示圖

【小案例 ── 捐款宣傳單】

走在路上，常常會有人發送各式各樣的宣傳ＤＭ，其中不乏有振災活動或者是幫助弱勢族群的捐款活動，小小一張Ａ４的宣傳單，上面也有印列捐款資訊，可能是金融機構帳號之類。這天小容適緣剛好到經過金融機構，想要順便捐款一下，可惜的是通常此時常常會找不到那張捐款單...。（圖6-7-4）

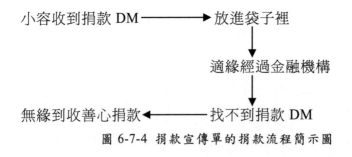

圖 6-7-4 捐款宣傳單的捐款流程簡示圖

如果可以的話，進行稍微調整一下流程，或許可以更加

幸福。前述的宣傳單捐款困境主要是因為缺乏方便性，如果提升捐款便利性，這樣應該可以增加捐款入帳，每張宣傳單上直接印列金融機構的二維條碼，或者是智慧型手機即可方便使用的 QR CORD（圖 6-7-5）。只要路上順便經過便利商店或者是金融機構，隨時可以進行捐款，甚至於直接使用智慧型手機掃瞄一下 QR CORD，可以直接連結到ＤＭ上的慈善機構的捐款頁面，進行捐款分享愛心。這裡要順便提醒慈善機構，在進行宣傳ＤＭ列印二維條碼時，建議採行獨立流水號方式列印，這樣對於希望收到捐款收據者，慈善機構才會容易進行捐款入帳的核對作業。

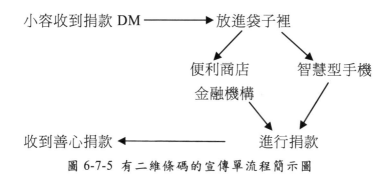

圖 6-7-5　有二維條碼的宣傳單流程簡示圖

【小案例 ── 會員大會】

一年一度的會員大會召開，是慈善機構的一件年度大事，也會藉此通知所有的會員、受捐助者及理監事委員們，共襄盛舉，議會中會公告年度活動及財務收支等報表。擬製完妥的開會通知單，將進行逐一的裝入信箱及郵寄。（圖 6-7-6）如果通知單上，也可以列印繳款單聯的話，那開會之

前，每位善心大德們，也可以再次感受分享的喜悅。

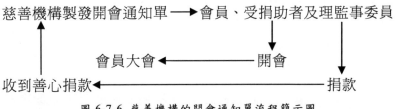

圖 6-7-6 慈善機構的開會通知單流程簡示圖

【小案例 ── 網路捐款】

　　網路捐款活動已經不是什麼新鮮事了，這好像是網路商店一般。但是有點不同的是網路商店採行的營業模式，主要重點在於商業行銷活動，或者是成立粉絲團的人氣聚集，凝聚人氣創造商機，而慈善機構則是以社會公益為出發點，舉辦若干的公益活動，提升社會善良風俗，並輔助弱勢族群的必要生活缺乏。（表 6-7-2）

　　基本上，慈善機構的網站形式應該與商業經營模式，二者差異不大，商業營業模式比較重視商品的多樣化，以及行銷推廣，而慈善機構則以社群的分享，以增加內聚力及社會形象為主，而捐款內容原則上變化不大。

　　而網頁的維護及更新成本，當然是商業營業模式付出比較大，因為內容的豐富性及極具吸引力是生意的來源，而慈善機構則是「八風吹不變」，除了定期性及專案活動公告及分享外，平常網頁不太會需要維護。

　　或許有人會問：金融機構與慈善機構的金流服務業務的

利基點為何？「如果金融機構要靠慈善機構的金流服務來賺錢，那肯定會餓死！」其實與慈善機構的往來，主要在於協助角色，並提升無形的社會公益形象資產為主。

表 6-7-2　商業營業模式與慈善機構的網路建置差異比較表

網路建置差異比較	商業營業模式	慈善機構模式
目的性	營利目的	公益目的
經營方式	不斷推陳出新，增加客戶瀏覽點閱數	以活動形式預告或分享方式彙集同好
IT（資訊）部門	大公司：有設立 小公司：委外辦理	大機構：有設立 中小機構：委外辦理或志工協助
經費來源	營業費用中提撥	籌募善款
網站設計模式	購物車 互動網頁為主	類似購物車 互動／自連網頁
粉絲團	大量的廣告促銷及行活動，再加以粉絲團方式增加口碑及形象，營業利益上升	志工的活動分享，及受輔助的心得回饋，提升社會信心及公益形象，捐款來源上升
留言板	除了粉絲團外，採行客服專線或 E-Mail 為主	開放志工及社群們的分享及網站主的善意回覆，增加運作透明度及觀念的傳播
商品樣式	多樣化、彈性變化	很少變化
網頁位址	自行申設或委外公司項下的網頁	自行申設或委外公司項下的網頁，也有企業另行合約籌設的愛心網頁
銷售模式	團購集殺價比較強眼	提供捐款贈品比較有吸引力
網路交易量	多	極少

個案 6-8　預售屋代收業務

聰明得人緣的小昊，長大後不但是學習了奶奶或乾媽的生意頭腦，而且還有青出於藍的優異表現，事業規模龐大，

而且還有喜愛逛屋買房的嗜好。這天又到了這間新蓋豪宅，獨門獨院一戶 300 坪的「承昊天下」豪宅預售屋案場逛逛，想想這間四面採光極佳，社區寧靜且安全維護高，以交通便利及建築材料頂極，當下就決定買下一間給親愛的媽媽及家人同住，還有準備一些獨立空間給親愛的哥哥，感謝從小細心的照顧。雖然有很多次的買房經驗，但是仍然會擔心會不會有發生「一屋二賣」的窘境？

【流程剖析】

小昊到「承昊天下」豪宅案場，簽立預購合約書，並預付購屋訂金，建商提供一份房屋預購書附本給小昊，並同時給了一供健保卡大小的企業卡片，上面貼有「承昊天下」豪宅的 LOGO，及社區未來規劃樣式圖，讓客戶立即提早感受到未來坐擁豪宅，君臨天下的享受。（圖 6-8-1）

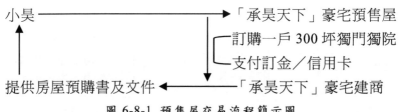

圖 6-8-1 預售屋交易流程簡示圖

【問題&解決】

其實小昊最擔心的是會不會有發生「一屋二賣」的窘境，這是每位預售屋的客戶都會擔心的。現在將流程稍微調整一下，「承昊天下」豪宅建商事先向信託機構，申請使用「信

託機構系統」，由於金融機構是屬於社會公器，常常會具有一定的社會形象，所以如果建商向公正的第三者「信託機構」申請使用「信託機構系統」，這樣民眾就不會再有「一屋二賣」，因爲預售資料均應立即登入「信託機構系統」，建置預售者姓名資料，建置完妥後，才會產生預購書編號，以及社區的預製卡，上面戴有社區未來圖示及契約編號，並註明建商的連絡電話及相關網址。（圖 6-8-2）

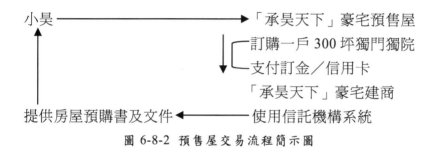

圖 6-8-2　預售屋交易流程簡示圖

【小個案 —— 預售屋的物業管理應收帳款】

　　社區物業管理公司簡稱物管公司，主要服務對象爲社區，服務內容爲社區管理及安全維護，進行再提社區的室內設計及裝潢等衍生服務，其中社區管理及安全維護方面，即是派員進駐管理，依社區規模及經費考量，設置總幹事 1 名、24 小時警衛若干名及秘書人員。在社區建築中期即可開始委託物管公司進駐，首先以警衛人員爲主，接著社區開始交屋進屋時，總幹事及秘書等人員亦已充分訓練並上線服務，直到輔導至第一屆社區住戶大會會議召開，並由住戶充分出席並順利選出第一屆社區委員們爲止，第一階段的物管公司任

務才算圓滿完成。

　　探究第一階段的物管公司服務期間，一定會有好幾個社區有同時派員提供社區物管服務業務，然而各項的撥款均以物管公司名義開立存款帳戶，而委託社區服務的建商，依據建商與物管公司的委任合約，定期撥款給予物管公司，有些時開立 3 個月期票，或者是開立 6 個月期票，因此物管公司的應收帳款時間冗長，但是應付款項時間郤無法配對，每月還是要定期支付員工薪資及社區營繕費用，資金成本很大。（表 6-8-3）

表 6-8-3　物管公司的應收／應付帳款困難列示表

物管公司的帳款困難	原因
應收帳款時間冗長	建商撥款時間約 3 至 6 個月期票
應付帳款逐月撥款	逐月撥付員工薪資及社區營繕費用
委任合約期限二年	除了第一屆社區住戶大會成立後即重新檢討物管委任合約外 每二年社區住戶大會重新檢討物管委任合約
應收帳款風險	對物管公司而言：擔心委任的建商財力困窘 對社區而言：擔心物管公司侵占公款
應收帳款的分立	人工的對帳容易產生帳目混淆情形，建議應該每個不同的社區獨立一個存款帳戶
應收帳款的解決	資金成本大，建議可以申請應收款款融資，建全財務運作

　　其中有關不同受託管理的社區產生的應收帳款問題，是因為現行物管公司都是使用同一個存款帳戶，進行各受託社區應收帳款的匯入，再輔以人工的分流記帳，（圖 6-8-4）到了社區成立後再將資金轉出。真的是很人工，還有正確性是另一個議題。

圖 6-8-4 現行物管公司的應收帳款分流記帳流程簡示圖

　　如果可以的話再將流程調整一下（圖 6-8-5），改爲每個社區獨立設立帳戶，等社區成立後，資金全數轉入個別社區帳內，這樣帳務問題應該就少多了。不過聰明的您，是否又想到了，物管公司受託社區太多時，那存款帳戶可就多到管理不易！想想～試著再用虛擬帳調整研究一下吧！

A 社區 ➞ 承昊物管公司 A／R 帳戶甲　獨立記帳 ➞ A 社區
B 社區 ➞ 承昊物管公司 A／R 帳戶乙　獨立記帳 ➞ B 社區
C 社區 ➞ 承昊物管公司 A／R 帳戶丙　獨立記帳 ➞ C 社區

圖 6-8-5 物管公司的應收帳款分流記帳調整流程簡示圖

【小個案 ── 預售屋的分期款】

　　每一戶預售屋的付款流程，基本上均會有訂金、簽約、開工及分期工程款，最後還有驗工完成的交屋款。除了契約簽立時期的訂金、簽約及開工款外（付款時間幾乎相差不遠），分期工程款算是較爲冗長的作業。在（圖 6-8-2）的簡示流程圖中，預購的客戶會取得建商立即提供的房屋預購書、建案文件以及社區的預製卡，上面載有社區未來圖示及契約編號，其中所稱的契約編號，建議應該可以連結成爲未來的社區住戶編號。（圖 6-8-6）

　　這個社區預製卡上戴註的契約編號，其實可以使用金融機構的虛擬帳號，這樣可以定期匯入這個具有信託設立的關連帳戶內，具有安全性及便利性，還有建商也可以安心，因為這些虛擬號內的資金，會定期轉入建商所設立的信託帳戶內，還可以依信託契約辦理定期撥款使用。

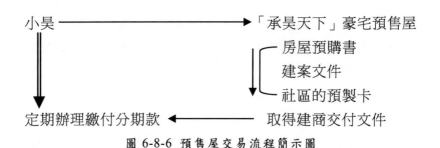

小昊 ───────────────→ 「承昊天下」豪宅預售屋
　　　　　　　　　　　　　　　　　房屋預購書
　　　　　　　　　　　　　　　　　建案文件
　　　　　　　　　　　　　　　　　社區的預製卡
定期辦理繳付分期款 ←─────── 取得建商交付文件

圖 6-8-6 預售屋交易流程簡示圖

【小個案 ── 完工後的住戶門禁卡】

　　社區點交完妥後，住戶們一個一個搬進來住了！

　　在預售屋預購訂約時，客戶應該是立即取得房屋預購書、建案文件及社區的預製卡，其中這張預製卡就是一個重要關鍵（表 6-8-4）。

表 6-8-4 預售屋預製卡功能比較表

預售屋預製卡	社區識別卡	社區認同卡	社區認同&門禁卡
規劃目的	社區識別	社區認同	認同及門禁使用卡
卡片形式	厚紙卡片	塑膠卡片	感應線圈或晶片卡
卡片上的資訊	社區 LOGO 及住戶樓層戶號	社區 LOGO 及住戶虛擬帳號	社區 LOGO 及住戶虛擬帳號
用途	社區識卡	社區認同及載有繳付分期款帳號	社區認同及獨立帳戶制，隨時可存款入戶，繳款日再帳戶中轉入建商約定帳戶

卡片所有權人	預購的住戶，交屋時會另行提供正式塑膠卡片（或鎖匙圈形式）	預購的住戶，交屋時會另行提供正式塑膠卡片（或鎖匙圈形式），卡片上的虛擬帳號用途改為管理費收款使用	預購的住戶，交屋時同樣使用原有的卡片，卡片上的虛擬帳號用途改為管理費收款使用。
延伸性	無	無	有類似電子錢包或儲值卡的功能，有機會再次進行升級
安全性考量	無風險，過渡性社區識別用途	無風險，僅為社區認同及匯款資訊使用	無記名卡：無法辦理掛失，有風險，因為內含電子錢包儲值的功能 記名卡：較無風險，可進行掛失再重製，原卡片同時失效

　　還記得前面社區代收業務章節的案例嗎？內容寫著：

　　《邁向業務的整合性服務～～

　　社區住戶早上出門進入電梯，「小承先生，早安！今日天氣多雲有雨，出門開車搭車請小心，還有請記得要帶把傘！」上了計程車或搭公車／捷運時，同次使用同一張社區卡，便利商店買份早餐還是使用同一張社區卡，就算到了醫院看診也是一樣！回到家時，大樓門禁及電梯：「小承先生，您回來了！辛苦了！」、「小承先生，生日快樂！」及「小承先生，請記要繳納這個月的管理費喲！」》

　　住戶所使用的社區卡片，如果可以具有認同、門禁及電子錢包儲值卡的綜合功能的話，方便性就會大大的提升。

　　聰明的您～您擁有充分的選擇權力！！

個案 6-9　網路商城業務

因為工作很忙，而且每天下班趕著要接小孩，回家後還要快點煮晚飯…所以小霞酷愛網路購物。平常都會利用中午休息時間，一邊吃飯一邊上網逛逛，最愛到很想買網路商城購物，常常會有團購價的好東西促銷品出售，選定後下單並立即使用信用卡進行網路刷卡行動，之後的 3 天內應該就可以收到採買的物品了，真的很方便，不管是新鮮的冷凍魚、運動衣褲、餅乾美食，還是小孩的枕頭與棉被，都有不錯的商品及很優的價格，並且還可以享受「不滿意的免費無條件退貨」服務。（圖 6-9-1）

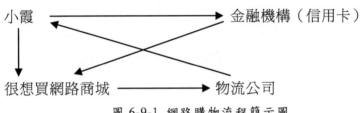

圖 6-9-1　網路購物流程簡示圖

【流程剖析】

首先小霞一定要先在很想買網路商城中登錄會員資料，然而才可在選定商品後，進行網站中購物車的結帳作業。使用信用卡進行繳費真的很便捷，而信用卡公司（收單機構）亦會依請款動作進行帳務流程，然後再依約定付款給很想買網路商城，然而在請款動作之前，很想買網路商城會先發訊息給商品合作商店，進行物流配送服務，等到貨到 7 日後客戶未有任何退貨行為及通知時，很想買網路商城才會有發啟

帳單請款動作。

【問題＆討論】

　　網路商城的繳款通路越來越多，除了信用卡付款方式外，有些還會提供更多的選擇機會，比如說金融卡轉帳、匯款、便利商店繳費、郵局劃撥、會員卡（值儲卡）扣款、紅利積點兌換等等，這些都是先行繳付貨款後再等待收貨的流程。此外，也有些是開放貨到付款的交易方式。（圖6-9-2）

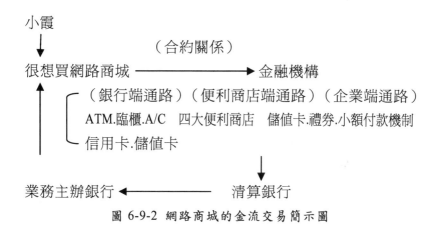

圖 6-9-2　網路商城的金流交易簡示圖

　　基本上，網路商城的通路有下列幾種（如圖 6-9-2）：

　　A.銀行端通路：ATM、臨櫃、A/C（匯款）、信用卡、儲值卡。

　　B.便利商店端通路：統一（7-11）、全家、萊爾富、OK等四大便利商店為主。

　　C.企業端通路：儲值卡.禮券.小額付款機制。有些網路商

城會自行或與其他網路商城及其他相關業者，進行業務垂直或水平合作商業模型，共同發行儲值卡（實體或無實體），甚至於禮券的形式，提供客戶在進行網路商城購貨或消費時，可以隨時使用。其他另有些電信業者也有提供小額付款方式，一方面也可以搶食金流服務列車收益，另方面增加客戶的設備使用率以提供營業收益及形象知名度，真的是一兼二顧。至於貨到付款的交易方面在該個案中另行彙總討論。（參見個案 6-4）

客戶回到家中看電視時會不小心發現，就好像部分電信業者有提供（電視）線上金融服務一樣，使用電視的機上盒等類似方式，提供客戶使用晶片金融卡，再搭配運用手上的搖控器，進行轉帳、繳費（稅）及查詢餘額等服務項目。

【小常識 —— 便利商店的金流周邊服務】

便利商店的金流周邊服務，基本上有：

1.臨櫃代收費稅款：代收各項費稅及其他款項，委託代收的機構除了各類公用事業費稅機關，還有金融機構、學校、組織團體及企業行號等等，所以代收項目還有包含學雜費、管理費、社（會）員會、租金（加盟／權利）費、捐贈款項，及其他合乎社會風俗習慣的正常化交易產生的費用。

2.臨櫃加值卡服務：有些委託機構會針對特定（潛在客戶）族群，發行實體或無實體形式的儲值卡，這些儲值卡除了在發行或合作商店可以消費並加值外，還很貼心的委託辦理加值服務。至於加值的方式，除了現金外，也有些是使用信用卡的喲！這是因為那類型的加值卡是屬於商店與信用卡

機構共同發行，兼具共同行銷的認同卡，當客戶在使用儲值卡進行消費時，儲值金額不足或已經達到設定的儲值金額最低下限時，將會自行啟動加值服務，在信用卡消費款中自動產生一筆加值金額（大約 500 元），同時儲值卡自動加值同等金額，但是如果本次的消費金額超過加值金額時，則信用卡會很聰明的自動加值一次二次…，直到加值金額剛好可以達到消費目的，否則加值服務不就白搭了。

　　3.帳單產生機器（KIOSK）：不論是要換發行車執照，還是想要捐款，或者是線上電玩的立即連線的帳款加值…，這些都難不倒這類的機台，因為在系統中已經存在或者可以立即與委託商店，進行立即線上連結媒合資料，然後產生帳單資料並同時列印出來，馬上到臨櫃繳款後資料即可上傳到指定系統資料庫。或許會有很深的疑問，個人資料保護法如此周嚴，為何可以如此方便取得個人資料，這樣不會有資料外洩問題嗎？甚至於信用卡款要可以產生補印帳單！其實這樣的系統設計基本上可區分連線與不連線，不連線者的資料來源是由委託商店自行固定傳送，有關的數字及英文等綜合文意資料，提供帳單媒合及繳款使用。而連線者則是將資料進行即時互動式查詢，經過認證辨識後產生帳單。信用卡帳單屬於後者（不連線系統設計），但是傳輸認證方式，則更加嚴謹。

　　4.ATM：每家便利商店加盟店內大部分都有 ATM，提供客戶領款方便，尤其是消費、加值更加方便。只不過是原本屬於金融機構專屬的金融服務，近年來有心人的規劃之下，未來似乎 ATM 不再只是現行專屬金融機構的存提款服務囉～。

5.WIFI 服務：一個人、一個車庫、一台筆電，造就一顆蘋果的世界革新。智慧型手機走到哪上網到哪，十分方便，但是對於那些申請（吃不飽）專案的客戶，都是使用 WIFI 的系統連結上網的，但是連結速率真的不太優，要耐心等～，所以提供客戶上門消費並申請使用 WIFI 上網，就好像到了（網咖）一樣儘情消費與上網。

【小常識 ─ 網路商城加值服務】

網路商城為了有效提升客戶使用率及強化客戶認同感，常常會有發行實體或無實體形式的儲值卡，而隨著客戶的加值產生了諸多的資金收益。儲值卡的使用功能如下：

1.在網路商城自由使用：基金上網路商城的經營型態，大致上有購物平台、社群交友、企業形象及商業交易、社會公益、休閒娛樂等等。發行機構大部分都是為了自身的經營利益，進行招收會員並發行會員儲值卡，一方面可享手續費及資金收益外，另方面可以提升誘使客戶消費的機會及擴大企業形象。在網路商城中或合作的商店裡，應該都可以自由的使用與加值。

2.加值服務：在網路商城中或指定的處所裡，都可以進行加值。而加值的方式除了現金加值外，還有與信用卡公司共同發行認同卡可以接受信用卡帳款加值，其他還有些商店可以接受禮券，而這樣的禮券形式大部分而言，有區分現金或商品禮券，禮券的發行機構可能是自行或行銷合作的商店共同籌設發行。

3.累積紅利點數：儲值卡其實就是會員卡的另外形式，

除了可以提供客戶的認同度提升，發行商店的知名度增加外，還可以享受資金及收續費收益。客戶在指定地點或方式進行儲值卡消費服務時，有些商店還會很貼心的再給予累積紅利點數，在下回消費時可以選擇部分或全數折抵消費款項，滿足客戶貪小便宜的心態，繼續上門再次消費。

4. 贈送好友禮物：現代人除了延續以往的現金回饋外，有些人還會選擇購買會員加值卡（或禮券），一方面會有收據可以留存報稅使用，另方面還可以省去現金清點及攜帶的麻煩，比如說競賽獎金、業績獎金、學生獎勵，另外還有人是用於家中小孩的零用錢，小孩可以在有限範圍內自行節制使用，學習規劃理財，而父母則在遠方定期存款（匯款）轉入這張儲值卡中，就好像是金融機構的存款帳戶的使用方式一樣，很是方便。

5.轉讓與退會：會員加值後，原則上加值金要自行使用完畢，如果要申請退會，只要依據網路上刊登的作業流程辦理即可，只不過是有些網站會要求收取一些退會手續費。至於轉讓的方式，原則上是不能接受的，但是仍能會有些網站會訂定相關作業流程，在限定的範圍內同意進行轉讓。只不過這樣的轉讓及退會作業，一定要十分注意，否則很容易流入洗錢的工具！

【小常識 ── 網路開店＆信用評核】

1.網路小資族（開店）：現在的開店經營不再需要大費周彰地找地點開店、裝潢、大量分發書面廣告文宣，反而是指要在平常熟悉的網站，申請會員並登人及上傳希望販賣的

商品，可能是新的商品，也可能是二手商品，當然也有實體
商店的客戶上傳相關商品進行銷售，期以增加客源及形象，
銷售成本很低（上架費、銷售分潤費及商品郵寄費等），但
是有些網站只有銷售分潤費唷！

2.網路信評（信用評核）：這就好像在對每位網站中的
客戶（賣方）進行信用評核，可以讓有意購買的客戶隨時查
閱賣方的過去歷史交易的優質表現，這樣可以提升賣方的信
譽，並增加買方的購買信心。這就是支付寶平台的原始開創
雛型。

【小案例 — 陸青（客）來台的金流服務】

近年來，兩岸人民來往交易很是頻繁，有些採行自由行，
有些則是參加旅行團來台。有人說台灣美食最令人難以忘
懷，來台旅遊時一定是要買些拌手禮，回鄉與親友及好朋友
共同分享旅遊戰利品，現行的消費方式，除了要事先兌換新
台幣外，陸青也可以使用銀聯卡刷卡消費，商店接受刷卡後，
可以透過金融機構進入聯合信用卡中心的清算作業，最後收
款入帳即可。

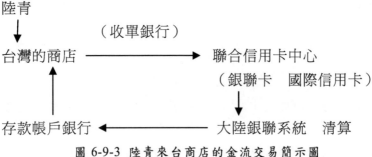

圖 6-9-3 陸青來台商店的金流交易簡示圖

　　觀光客到拌手禮這樣的商店採買時，往往會發生一些特殊情形：遊覽車很難停車、旅行團員人數眾多排隊冗長、找回的錢不太熟悉…等等，所以近年來商店也會很貼心的提供特別服務，銷售人員發送商品 DM 由導遊彙集訂購並收款，或者是銷售人員到遊覽車上展示商品，立即收集訂單，並同步進行刷卡動作。此時值得一提的要點：

　　1.刷卡內容：陸青刷卡的內容是使用銀聯卡為主，偶有國際信用卡。

　　2.刷卡地點：在住宿飯店大廳或遊覽車上。

　　3.刷卡方式：由於商店被信用卡公司要求安裝固定地點的刷卡機台，所以是不可以移動的，但是這樣的刷卡方式卻無法解決消費困難，所以商店會採行「郵購式」刷卡方式，等待回到商店時再行上傳刷卡內容。當然有些大型商店，會學習第四台有線電視刷卡繳付連線費用一樣，申請使用「行動式」刷卡機，很方便但是裝機成本及門檻比較高。

　　4.風險：一般而言所使用的「郵購式」刷卡方式，基本上是屬於離線式的刷卡動作，如果有卡片問題（如假卡片）或者餘額不足（銀聯卡類似台灣的金融卡），這將有消費糾紛存在，一定要多加小心。

　　有鑑於此，近期已有多家商家彙集各類佳餚美食禮品，籌設一次到位一次購足的方便性，而且很重要的是規劃了很方便的停車場。貼心服務就是生意的源頭。

【小案例 ── 陸青（客）離台的金流服務】

　　觀光客享受到美食佳餚後回到家鄉，如果意猶未盡時怎麼辦？

　　現行就有人彙集了台灣的商店成立網路商城，提供客戶上網選購拌手禮，然後再宅配到家，真的很方便，不用再出國，只要在家裡就可以享受遠方送來的美食。這樣的網站金流就與一般所認知的網路交易差異不大，只不過是在中國的刷卡方式還是以銀聯卡為主，其次才會有國際信用卡消費。其實最最大宗的金流交易方式，應該還是以第三方支付為主，只不過在這樣台灣商店的網路商城裡，似乎第三方支付較少應用，但並不是不適合或無法並存使用，因為不論是銀聯體系、國際信用卡中心，或者是第三方支付的清算方式，都是由進行消費的客戶帳戶中扣款（或額度），轉入於籌設這個台灣商店的網路商城帳戶中。只不過是清算貨幣，這可是一個大學問，此外還有涉及兩岸的外匯及營業稅申報問題，真的要審慎處置，以免不慎觸法。

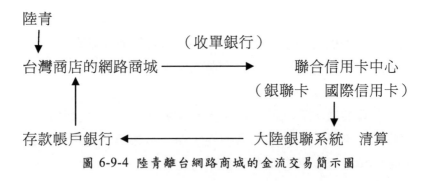

圖 6-9-4 陸青離台網路商城的金流交易簡示圖

【小案例 —— 台商在中國的台商網路商城金流服務】

　　如果台商在中國經商或者是因為工作因素，需要長時間留在中國工作一些年，此時台商除了在中國領薪的人民幣帳戶外，在台灣的新台幣帳戶當然一樣持續長期使用中，因此網路商城的金流可能使用人民幣，也有使用新台幣的機會。在台商網路商城中如果可以接受新台幣付款的話，台商使用新台幣支付的可能性會大大提高，因為現行人民幣的匯回台灣仍然有諸多的限制及困難度，所以在人民幣的存款帳戶的資金，只能妥善在中國使用，儘量不要再兌換轉入人民幣帳戶中，除了真的人民幣的資金需求，比如說在中國置產及投資。現行法令已有逐步放寬，對於人民幣的匯回台灣及每人每天的人民幣與新台幣間的兌換額度，均有明顯的彈性。

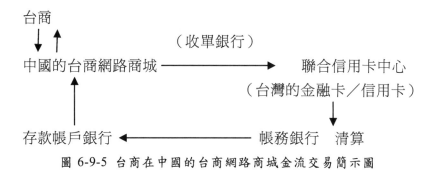

圖 6-9-5 台商在中國的台商網路商城金流交易簡示圖

　　這裡有個很有意思的討論，就是網路商城倒底是設立在中國還是哪裡呢？（表 6-9-1）網路無國界，如果是設立在台灣，哪這就好像是台灣網站的網路客戶性質的一般交易。如果是設立在中國，哪肯定會有第三方支付的金流服務，而且交易金額應該還是占據大部分。而設置地點在其他處的話，

其實也是熟悉的客戶會上門光顧的，除非已經是國際知名網站，而且還具有多國語言文字的網頁支援，否則很難吸引全球網路族目光及消費。另外，由於本處所討論的客戶主要還是以中國的台商為主體，所以物流安排一定是就近安排，提升營運績效。

表 6-9-1　台商的網路商城設置地點比較表

設置地點	金流工具	目標服務客群	物流安排
中國	銀聯卡、第三方支付、國際信用卡	中國的網路族群	合作地的合作物流公司
台灣	金融卡、國際信用卡、儲值卡	中國的台商及台灣的網路族群	合作地的合作物流公司
其他	國際信用卡	網路族群	合作地的合作物流公司

【小常識 —— 物流安排】

　　美國的知名網路書商提出 2 日內送貨到家，在台灣則為 3 日內送達，在中國有家很具龐大規模的第三方支付業者提出隔日抵達…。其實物流安排，就如同運輸管理學課本中所提及的路線規劃（捷徑），然而各家具規模有遠景的物流公司，一定會在主要城市建立貨物集散中心，這一定要具備十分便捷的交通條件，如機場、高速公路、港灣等等，還有要建立深具長遠擴充規模的貨物廠房，再搭物件的有效分類，及資訊流的環環檢視，如此一來才會很有效率的將貨物如期安全抵達，贏得客戶幸福的滋味。（圖 6-9-5）

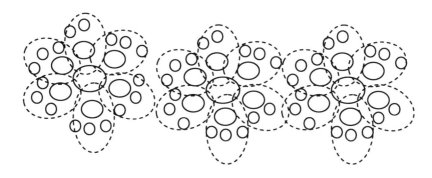

圖 6-9-6 物流安排概念簡示圖

　　每一個大結點負責周邊的中結點，而中結點再垂直集散小結點，大結點與大結點間進行橫向整合與分配，進行上下左右間的合作及分工的作業，進行有效率的物流系統網。不論大中小結點，都是藉由資訊系統進行總部的全程控管與協調，期以降低突發事件的發生，才能提供即時有效率的備援及流程掌控。圖中的實線表示個別的大小集散結點，而虛線表示分別管區進行內部效率營運，而個別的組織網間存在著相互配合的互動。

個案 6-10 便利商店儲值卡業務

　　小蕙一直都是便利商店的愛好者，每天便利商店有集送娃娃的活動，她都一次也不會放過，十足的狂熱「收藏家」，活動期間內肯定會召集所有親朋好友及同事，還有可憐的男朋友，一起來發動總攻擊共襄勝舉。購買東西的付款方式除了現金外，還可以使用便利商店的儲值卡。只不過購買東西時不太想要找太多零錢（銅幣），可是儲值卡又常常不夠錢，

臨時還要再拿鈔票來加值，或者立刻到 ATM 領錢再來櫃台加值，有點麻煩！（圖 6-10-1）

【流程剖析】

　　小蕙為了滿足個人的收集狂熱，發動全力攻擊集點大戰。在便利商店消費的方式除了現金外，就是使用便利商店的儲值卡，可是有時選購完商品後，到了結帳櫃台才發現，有現金不足或儲值卡的加值金額不夠的窘境，雖然便利商店內就有 ATM，但是馬上領錢後，還是要再重新排隊結帳，真的是很「茶包」吔。

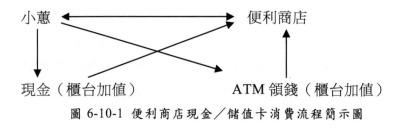

圖 6-10-1　便利商店現金／儲值卡消費流程簡示圖

【問題＆討論】

　　在便利商店購買消費，除了可以使用現金購買東西外，還可利用便利商店自行推出的便利商店儲值卡，而這張儲值卡原本推出的目標就是希望能促進客戶上門來增加消費，以及創造發行儲值的資金收益，適用範圍則含概自身集團內各連鎖店為主，或者有業務合作的商店亦可進行使用。

　　在民國 99 年間悠遊卡與四大便利商店開始洽談了業務合作，這是悠遊卡從原本的交通使用範圍，首度跨足其他產業，進入民生消費及後來的醫院的看診費領域，民國 101 年

初更是籌劃變更悠遊卡的製作與設計，在悠遊卡中增加了晶片，看起來就與金融機構的晶片金融卡有幾分神似，這項規劃就是改變以往僅適用於非接觸的消費途徑，擬訂增加對於刷卡消費的模式，比如說是網路購物等等，這可是需要使用晶片卡讀卡機的，但這項變革雖然可以說再次深入消費市場，但是跨業間的儲值卡業務，還是等要申請目的事業主管機關（金管會）核准才可以施行。

現行的便利商店儲值卡，雖然製作規格是採行晶片卡形式（類似晶片金融卡規格），但是一開始的設計就僅只著眼於自己的便利商店王國，連集團內也未有規劃合作營運，只是個別發行儲值卡，效率化極需提升。後來似乎有意想要合作使用了，但是儲值卡作業法規規嚴格，加上人員效率問題產生一直延宕，悠遊卡的跨業合作營運，似乎搶占了便利商店原有的市場利機。據悉在民國 98 年間，有間金融機構曾多次向便利商店建議及討論，擴大便利商店儲值卡的使用功能，其中第一項重大任務，就是撤換坐守其成卻無建樹的收單銀行，轉換腦袋長大市場規模。

建議中的便利商店儲值卡，除了像現在悠遊卡的跨業經營模式外（圖 6-10-2），還有網路商城的延伸消費，使用現行的晶片卡規格立即可以進行使用便利商店儲值卡，轉換建置成本極低。而便利商店現行的海外分公司及合作商店眾，其實也可以共同使用這張便利商店儲值卡，讓客戶出國時除了護照外，一定也要攜帶這張便利商店儲值卡，甚至於在台灣，除了健保卡外，這張便利商店儲值卡更是不能忘記的！真的是一個轉彎一個世界！然而不管交易通路，是在國內或

者海外，金流清算及交割問題，全都可以由收單銀行全然處置完妥，甚至於匯率清算，或者是兩岸三地的子母公司帳務調節問題，應該都可以大大協助。假設歷史可以重來，那悠遊卡現在的強勢地位，是否會因此而有消漲關係！？

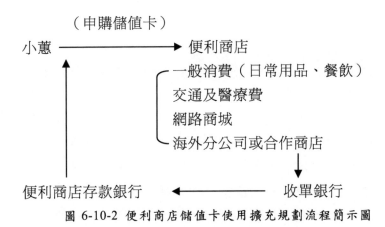

圖 6-10-2　便利商店儲值卡使用擴充規劃流程簡示圖

【小常識 —— 儲值卡的發行方式】

儲值卡發行方式基本上可區分為實體形式及無實體式。

1.實體形式：就好像是悠遊卡、便利商店儲值卡、百貨公司會員紅利卡、大賣場會員紅利卡、商店儲值卡及金融機構儲值卡…等等。雖然琳瑯滿目各有所長，不過基本上還是大同小異，都是希望招攬客戶多多上門消費創造營業收入，提供商店在消費者心中的知名度，以及增加儲值資金收益的優勢。儘管是僅有會員紅利形式的卡片，沒有實體的資金流入，但是就會計帳上郤是可以攤提準備金及費用相對會計科目，一樣具有節稅效益。

2.無實體形式：網路商店最愛使用這種虛擬形式的儲值卡，發行成本幾近為零。其他還有些像連鎖商店，原本有發行厚紙片或者是塑膠形紅利會員卡，後來改為只要客戶於消費時說出手機號碼、室內電話號碼或者是身份證號⋯⋯等等，即可進行紅利集點或者進而可以兌換會員福利。無實體形式儲值卡優點就是發行成本低廉，發行速度快捷，且無保管及收藏問題，但是相對的缺點就是欠缺未實際持有在手上的安全感，及全數仰賴系統資料之信任度，還有喜愛收藏卡片愛好者的滿足感。再者，如果有一天這家發行商店有債務無法履行情形的話，除非隨時保存無實體儲值卡的全數內容及權益明細證明，否則當這家商店系統臨櫃收攤時，將有儲值金及會員權益受損，而因為債權債務舉證不足產生權益無法伸張的遺憾。

【小案例 —— 會員儲值卡的轉換】

1.交友網站

民國 100 年間，有家網路商店兼營交友網站，後來因為將這整個交友網站社群全數出售給專門業者，當然轉換同時會給客戶選擇是否同意將會員轉置移動到新社群交友網站，而這種轉置行為當然一定為有涉及到若干層面的會員儲值問題，真的要很小心因應。

2.遊戲網站

遊戲網站為了吸收客戶的來客消費，當然也會希望能創設會員及儲值機制，只不過這樣網站所需加值的急迫性，應該會遠高於社群交友網站，原因是客戶在進行線上即時遊戲

的重要關鍵時刻，或者是麻將的快要胡牌時候，如果儲值金額不足了，真的是十萬火急，一定是會希望系統立即發送來的加值提醒通知，加值方式有二：線上刷卡加值（金融卡或信用卡），或者是到最近的指定便利商店，使用帳單產生機器列印帳單，再到櫃枱現金繳款，加值過程完妥後，再回到方才的網路介面，繼續網站上的消費服務。（圖 6-10-3）

　　除了金融卡、信用卡及便利商店儲值卡等加值方式外，有些也可以使用其他方式進行的儲值卡加值行為，比如說電信業者的小額支付、金融機構發行的儲值卡、便利商店的儲值卡或禮券卡等等，偶而也有會與其他的業務連盟網路商店合作，可以接受彼此間的儲值金額相互轉讓取得。這種不同網路商店間的連盟關係所延伸的儲值相互轉讓取得，似乎好像令人連想到什麼！？是的，似乎有涉及洗錢的機會平台，配合的金流業者不得不要加以慎重注意！！

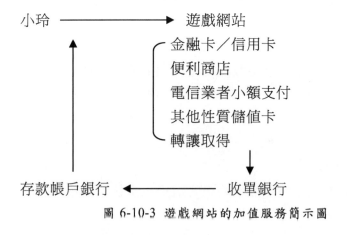

圖 6-10-3 遊戲網站的加值服務簡示圖

【便利商店的儲值卡形式】

便利商店所發行的儲值卡形式，有晶片儲值卡、商品（禮物）卡及商品禮券。

1.晶片儲值卡：這就是平常所得知的便利商店儲值卡，可以在便利商店消費，並獲得消費點數的紅利積點，還有參加會員商品的優惠活動及折扣。由於是晶片形式，所以消費使用時，應該要插入晶片儲值卡機台，儲值卡內容安全屬性高。

2.商品卡：或者稱之為禮物卡，這種儲值卡基本上不是用來一般消費使用，而是當成禮物（券）形式，採購時立即取得購物發票，可以沖抵營業稅賦，還可以讓受贈人有取得類似現金的喜悅感。

3.商品禮券：這與商品卡類似，都是屬於禮物形式，一般而言，大都是用於獎勵使用，如：學生考試前三名、業務人員每月搶先銷售（早鳥）人員、圖書館的借書排名獎…等等。

表 6-10-1　便利商店的儲值卡形式比較表

便利商店的儲值卡形式	晶片儲值卡	商品卡	商品禮券
用途	一般消費	禮物	禮物
節稅功能	無	有	有
卡片型態	塑膠鑲有晶片	塑膠	紙張
安全防護措施	晶片	條碼	條碼
資金保全措施	信託	履約保證	履約保證
紅利積點	有	無	無
卡片費用	100 元	無	無
記名功能	有	無	無

個案 6-11　醫院掛號&批價業務（含慢性處方箋業務）

小強是一位喜好交友的人，五湖四海各路人馬都是好兄

弟，所以偶而會陪朋友到醫院看診。但是每次的看診流程真的是十分緩慢，至少得花上半天或者快一整天的光陰，老百姓真的很無奈。

　　民眾從掛號程序開始，經過簡便的電話語言或網路掛號手程，或是冗長的排隊掛號，接下來才是到診間去看診。（圖6-11-1）醫生看診結束的第一件要事，就是要趕快去排隊批價繳費，然後再回到診間去辦理其他手續，比如說拿照 X 光或超音波...等等單據，才能到下一關去進行醫療行為，最後才會到領藥處（或藥局）取藥，接下來當然就是要～平安快樂回家。

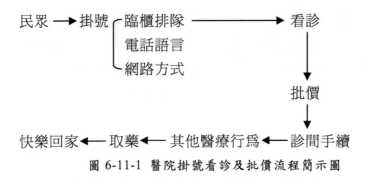

圖 6-11-1　醫院掛號看診及批價流程簡示圖

【流程剖析】

　　小強古道熱腸喜好幫助別人，但是每次到醫院掛號就是麻煩的開始，排隊等候後到了看診前還是等候，經過醫師的耐心及高明的診斷後，批價、診間手續、領藥等等等。這樣的過程的確是涉及了十足的人工作業化，難怪客戶上常常會覺得作業程序很沒效率化。近日來，臨櫃排隊的掛號程序有

了些許的提升，逐漸開放了電話語言及網路方式的掛號途遙，雖然可以節省很多掛號等待時間，但是到了醫院掛號櫃台觀察一下，還是會覺得大排長龍的隊伍等候掛號程序，為什麼呢？其實是宣傳及推廣的不足，再加上客戶對系統的不熟悉及信任度不足，產生使用率偏低，不符合系統開發成本效益！而其他的醫療程序則是全部都是人工作業，這是自古以來的歷史程序，如果要改變，的確需要很大的革新力，排除萬難的決心，再加上高層決策人員的讚賞，這樣肯定明日會更好。

【問題&討論】

小強心裡想～如果有一天…可以使用機器來掛號及批價，那有多好！？

小天使聽到了！民國 97 年間首度醫療院所系統上雲端，讓客戶可以自行操作「自動掛號&批價機器」，使用健保卡或鍵入病歷號碼、身份證字號，即可辦理掛號及批價。

所謂 KIOSK 機器就是一種類似 ATM（自動櫃員　存／提款機）的機台，只是使用在 ATM 方面比較廣為社會大眾所熟悉而已！其實如果多注意生活周匝的事務，會發現很多地方都有 KIOSK 機台，比如說便利商店裡的帳單產生機、風景區的環境導覽機、公車站的公車路線／動態查詢機、停車場的繳費機等等，這都是 KIOSK。

改變的流程是這樣的，院方先進行內部流程改造，將人工化作業改變為系統連結的一貫作業流程，並逐步調掛號及批價人力（預計上線運作穩定後約 2 到 3 個月執行），到其他後支援部門，同時培訓所有醫院各階層同仁，尤其是門診

住院組（門住組）同仁更是要加強熟悉，還有運用院方的建教合作學校學生關係，在 KIOSK 旁協助民眾加以運用掛號及批價，然而 KIOSK 的機台以掛號及批價處所鄰近為主，其餘住院房的各樓層護理站旁也適度可安置一台即可。藉由建教合作同學的加入行列的指引，民眾漸漸會學習、熟悉及主動自行使用，節省看診時間，同時院方的內部流程革新效益同時提升。

　　民眾除了傳統掛號方式外，現在增加了 KIOSK 選擇方式，只要自行到 KIOSK 機台，使用病歷號碼、身分證字號或插入健保卡，即可快速進行掛號手續（如圖 6-11-2），接著可以立即到診間稍作休息等候看診。看診完妥後，直接撰擇附近的 KIOSK 機台，再次使用病歷號碼、身分證字號或插入健保卡即可進行批價系統，可以選擇使用金融卡或信用卡進行繳費作業，機台會立即產生繳費收據及領藥單，民眾只要持領藥單直接到領藥處或指定藥局領藥，即可快樂回家健康康復。

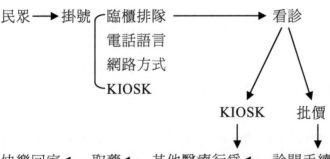

圖 6-11-2 加入 KIOSK 後的醫院掛號看診及批價流程簡示圖

現行流程簡示圖（圖 6-11-2）中的金流方式分析如下。

民眾辦理人工掛號或批價時同時進行繳費作業，繳費方式有現金、金融卡、信用卡或儲值卡。

A.現金：這是最為普遍的繳費方式，但有常常會發生排隊等候很久後，臨櫃才發現錢包裡的現金不足，這下還要再立即跑去找 ATM，十分不便民。

B.金融卡：金融卡係指晶片金融卡。金融卡這部分的功能就好像是使用 ATM 一樣的轉帳功能，不一樣之處是 ATM 的轉出對象帳號及銀行代碼，需要使用者自行輸入及檢核，但是 KIOSK 上的金融卡繳費選項，已經設定好這家醫院（或合作商店）的轉入帳號及銀行，不可能會有不小心轉入其他人帳號或者有詐騙情形，儘管是有發生系統問題而重覆扣款入帳情形，這家醫院也會經過查證後，轉帳匯回轉出人的金融卡銀行帳戶內，或者親洽領回溢繳款金額。至於轉帳手續費方面則視醫院的規劃而定，有些會自行吸收手續費成本，有些則由帳款轉出人負擔，另有些則是各別負擔一部分。這裡的轉帳手續費與 ATM 不一樣，是因為醫療院所的住院及門診費用，可以申請使用「全國性繳費（稅）業務」，成本可以大幅下降，或許有五成的折扣節省利益。

C.信用卡：使用信用卡繳費方式，就好像是在商店消費時所使用信用卡刷卡作業一樣，不需要輸入任何密碼。在商店的刷卡方式基本卡有磁條、晶片或感應式三種，而在 KIOSK 上目前逐步跟上的情形，尤其是感應式的刷卡方式較不會有產生信用卡遭不肖分子測錄盜用情形發生。至於在商店消費的刷卡金額會取決於信用卡持有人的信用額度中，但

是 KIOSK 的刷卡方式卻是採行網路刷卡方式，所以會有一定限額的風險控管，比如說是 USD25（約當 750 元新台幣），超過這個限額將有金額無法履行情形，所以院方在 KIOSK 上的使用信用卡方式，會有消費限額限制及告知，如果仍然堅時要使用信用卡者，那 KIOSK 將會出現「請洽人工櫃枱結帳」畫面，要求到人工櫃枱刷卡並核對簽名，期以確保消費款的未來請領安全無虞。

D.儲值卡：首度可以接受的儲值卡是悠遊卡，悠遊卡的使用方式類似便利商店或搭捷運一樣，採行感應式消費，雖然說是和感應信用卡一樣都是非接觸性的，但是因為感應線圈的感應範圍很有限，所以一般而言，商店會要求將卡片平放或貼近感應機器，期以方便進行扣款作業。現行悠遊卡除了感應裝置外，也開始同時增加在同一張卡片上，安置有晶片功能（等同於晶片金融卡系統規格），未來的野心及發展可見一斑，只要申請目的事業主管機關同意跨業使用者，網路世界將會有插旗佔地的局面。

【慢性處方箋業務】

在圖 6-11-1 及圖 6-11-2 上，慢性處方箋的回診領藥出現了「變化」，從人工排隊同時批價，再到藥局領藥。改變為民眾持健保卡，鍵入病歷號碼或身分證字碼，即可使用 KIOSK 進行掛號及批價，接著機台會立即出現繳款收據及領藥單，再持領藥單到領藥處或指定藥局，完成後即可立即回程休養身心。過程不再需要再等候良久，且也不用再一直穿梭在人群（病友）間，或者說是病毒風險之中。此項業務現行亦

開始有醫藥宅配，或者可以到就近的指定配合藥局領藥嘍！

【智慧革新的醫療院所的掛號＆批價】

有一回，小強自己來醫院看牙齒，但是因為平常忠肝義膽的行為很讓朋友們感動，因此小蓮陪行來看診，可以氣息非凡的小蓮不想到醫院穿梭，這樣會有病毒風險，如果流鼻涕會減損美麗積分耶！貼心的小強想了想，找了醫院附近的咖啡廳，安排了風光明眛景色怡人的靠窗位置，請點了杯耶加極品手工咖啡，請小蓮在咖啡廳座位上稍待即可。

此時小強使用智慧型手機（I-PAD 也可以）尋找醫院網址，進入問診網頁，進行掛號作業，並觀察看診進度及等候號碼，直到快接近自己的看診號碼時才輕鬆步行到診間門口。（圖 6-11-3）看完診後，還可以再到咖啡廳聊聊天，同時在座位上再次使用智慧型手機（或 I-PAD）到醫院網站進行醫療費用繳納，等到領藥號碼接近時再撥空來領取。

喝完咖啡要結帳時，還可以拿出剛剛繳納醫療費用後，系統傳送繳款完成的同時，還傳送來了附近合作商店的折扣券（QR CODE），貼心服務。試想如此的貼心與關懷規劃，這家醫療院所是不是會長久與這貼心銀行金流合作，甚至於授信業務及院方同仁的員工薪資轉帳等等金融服務，此外醫療院所周匝的各商店，所有的金流服務是不是也產生磁盤效應呢？此外是否還有隱藏著無限的儲值卡商機呢？

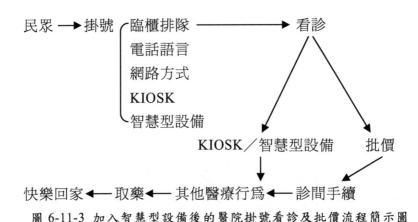

圖 6-11-3　加入智慧型設備後的醫院掛號看診及批價流程簡示圖

個案 6-12　醫藥宅配業務

有聽過電腦或電話看診嗎！？

　　小翔的鄰居阿伯每幾天就要到醫院去看診，不管是看診、領藥還是將這幾天在家裡的檢驗數值拿去給護士登記，深具愛心的小翔，很是不忍心，看到阿伯年輕時為了一家大小的三餐奮盡心力的掙錢，現在年老了獨居一人在家，還要常常往醫院跑，可是好像有聽說可以使用電腦或電話看診嗎！？還有藥品宅配呐？

【流程剖析】

「電腦或電話看診」！！

　　其實應該說只要曾經有到過這家醫療院所看過診，而回到家中休養身心中，定期回傳相關指數，如脈博次數、高／低血壓、血脂濃度等（如圖 6-12-1）。在看診時院方醫務人員（護士小姐）會告知有需要的病友，回家休養時應該要定

期（每日、每二日、每週或指定期間），使用電腦或電話輸入相關檢驗數值。然而現在更加方便了，因為醫療設備廠商設計了相關檢驗器材，只要插線連結電話或電腦，即可進行檢驗時數值即時上傳至院方系統，甚至於還可以使用無線上網連結方式，上傳檢驗數值。而院方端醫務小組會針對這些使用者族群，進行追蹤檢驗，並即刻傳送到負責的醫生，其中如果有特殊或異常情形者，值班的醫生還會立即進行適時的反應及處理，比如說趕快打電話聯絡病友或指定聯絡人、調整領藥內容、安排回診時間或者安排醫務人員到府協助等等服務。

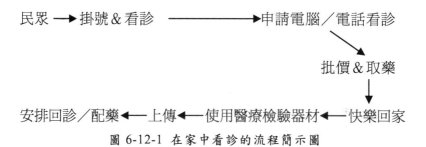

圖 6-12-1 在家中看診的流程簡示圖

　　居住在遠方的病友們，常常會為了看診還要拖著疲憊身心到醫院看診，經過了大半天的勞累後，大部分的情形會是「開個藥給您,請回家多休息」！然後再奔波勞苦回到家裡，等到要回診領藥或領慢性處方箋用藥時，有些病友會再次翻山越嶺再到醫院，有些病友則是郵寄身分證件及健保卡與看診費，請遠方的親友們幫忙到醫院領藥後再到郵局寄回。很麻煩而且還有諸多風險，如身分證件及健保卡的安全、藥品

的郵寄時的溫度及濕度與合法性問題。（圖 6-12-2）

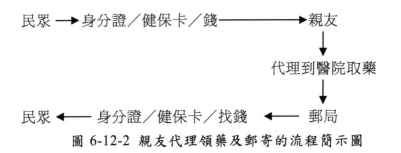

圖 6-12-2 親友代理領藥及郵寄的流程簡示圖

【問題＆討論】

依據藥師法第 15 條藥師負責藥品的調劑及供應、第 19 條藥師交付應明確載記病人及需求資料、第 20 條藥師應親自主持其所經營的藥局業務。

近年來隨著醫療美容（醫美）及醫療觀光盛行，醫藥的宅配及指定藥局領藥日漸流行。（圖 6-12-3）除了在醫院看診後立即到醫院領藥處領藥外，還可以向醫院申請到住家或方便的地方，持醫院的處方箋去醫院配合的指定藥局領藥，這些藥局是醫院配合的指定藥局，所以藥品內容亦有相同的內容，民眾可以放心。至於藥品宅配方面，這種方式大部分會使用在慢性處方箋為多，這些藥局自行向各大醫院申請代理合作，以便取得合作藥品內容，而這樣的藥局在調劑好指定藥品後，會由藥師親自送交病友（宅配），有一大好處是藥師還可以提供充裕的醫療常識及藥品知識，而且最重要的是費用除了健保卡外，只需要小小的宅配手續費用，真的是暨便宜又大碗。

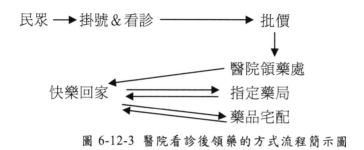

圖 6-12-3 醫院看診後領藥的方式流程簡示圖

個案 6-13 保險商品業務

　　小承是一個聰明又有理想的優秀上班族，有一天大學同學伊玲來招攬保險商品，經過仔細評估及討論後，似乎內容還不錯，所以當場就立即簽下保險要保書文件，至於保險費方面，原本想要使用信用卡刷卡的，但是覺的有寅食卯糧的疑慮，所以改用現金就好了，手續完成。但是還是覺得有點不安心，因為偶然在報張媒體中會聽到，有些不肖保險業務人員會挪用客戶預繳的保險費，甚至於有將現金拿走而沒有回公司交付保險投保文件的，難道說沒有其他解決方案嗎？

【流程剖析】

　　伊玲依規出示保險業務員登錄證，並攜帶手提電腦向小承規劃及推薦保險商品，簽立並交付保險投保文件後，雖然採行現金方式支付保險費，但是現金的收付風險猶在，實令人擔心。（圖 6-13-1）

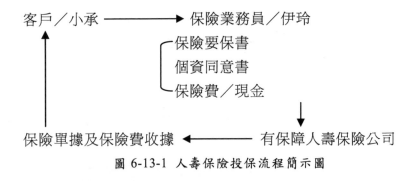

圖 6-13-1　人壽保險投保流程簡示圖

【問題＆討論】

保險費的收付方式一般而言有現金、信用卡、支票及其他（匯款與帳戶扣款）等方式。

1.現金：這種方式很方便但也有若干的風險。對於客戶而言，擔心業務員會挪用或私吞保險費、事先到金融機構或ATM領較大資金的攜帶風險、現金清點的正確性等問題。而對於保險業務員而言，則有現金清點、攜帶及真假鈔券的辨別等問題。而對於保險公司而言，規定從業人員應於現金收到後，先行使用向保險公司進行保險單內容通知程序，期以確保保險利益的立即生效，並儘速繳回全數保險單保費及要保文件，以利進行保險單審核作業及製發保險單文件。有些保險公司同意保險業務員在送交保險單文件及保險單保費時，可以同時無息借支部分金額，但是有小部分業務員卻是不因而滿足，將客戶的現金挪作他用，而向保險公司申報信用卡刷卡單或一個月的期票（現行部分公司規定信用卡及支票需為要保人及保險利益者才可提供），行舉不當令人髮指。

2.信用卡：在接受保險單文件簽立時，同時向信用卡收

單銀行辦理信用卡款授權及取得授權編碼，這樣才算完成投保手續，但是有時候不是在客戶處立即方便申請授權的，此時事後才提出的授權作業，偶而會發生信用卡額度不足、信用卡公司要求當場與持卡人對話、信用卡過期等等問題。

3.支票：使用支票支付首期保險費，原則上可以開立一個月期票，續期保險費則為三個月期。當然有些客戶或許也會提供生意上的支票進行支付，這種方式儘量予以拒絕，因為如果生意上的支票有退票情形，將會影響這張保險單的效力。

4.其他（匯款與帳戶扣款）：有些保險可能金額較大或者客戶錢包金額不足，約定將自行匯款到保險公司，這種方式的資金比較安全，但是有點麻煩。而帳戶扣款方式大部分是用在分期繳付保險費的商品上，比如說每月或每季從要保人的存摺帳戶授權扣款，這種方式比較不適用躉繳型保險商品。

【網路投保保險】

小承在網路購物時，偶有發現有保險公司的商品廣告，探究其中，似乎大部分都是汽／機車強制險為主，偶而也有旅行平安保險商品。（圖 6-13-2）

保險公司大部分都會選擇在網路購物網站或自己的官網上發布文宣廣告，並在購物交易完成或網路金融交易結束時，再次出現連結廣告，因為此時的客戶群一定是深具網路交易能力及擁有網路交易信心的族群，效益還不錯。

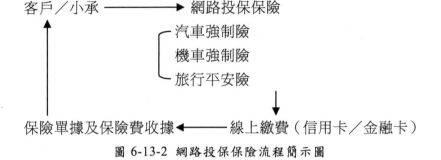

圖 6-13-2 網路投保保險流程簡示圖

【產險商品在銀行通路的投保案例】

產險公司爲了擴大保險業績，學習人壽保險公司的行銷方式，與金融機構及其關係企業（保險經紀人及保險代理人）合作，合作內容主要爲建物火災險（含地震險）及汽／機車強制險。然而任何一家合作的金融機構，就有數十家以上近百家或者數百家的分行，常常會有匯款金額與傳真投保文件內容核對的困難。（圖 6-13-3）

有些金融機構在入帳的摘要欄註記不一相同，十分隨性而爲，有的人註記內容爲要保人身分證字號或姓名，有的人則爲被保險人身分證字號或姓名，另外還有轉帳扣款帳號、投保日期、銀行及分行代碼、經辦人員員工編號…等等，直到文件送交保險公司帳務部門時，還真的是一個頭二個大，往往需要調借其他部門同仁支援，所需要的人力成本還真是太大了！

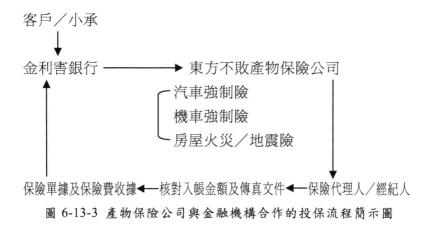

圖 6-13-3　產物保險公司與金融機構合作的投保流程簡示圖

　　有家超利害銀行向東方不敗產物保險公司提出解方案，首先要建構專屬的投保網頁，提供給每一家合作往來的金融機構使用，流程內容如下：

　　1.經辦人員受理產物保險商品投保文件時，應先到投保網頁。

　　2.點選金融機構（如果可以的話，應該對於各銀行的入口網頁進行分流規劃）。

　　3.選取擬行投保商品後，立即出現逐筆的完整虛擬帳號。

　　4.直接使用虛擬帳號，匯入產物保險公司的帳戶內。

　　（如果在這投保流程中，設計有登錄投保要項的話，則更加有利於線上核保作業）

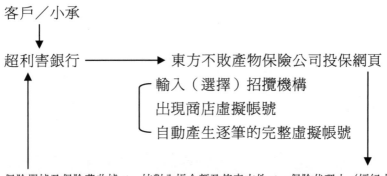

圖 6-13-3 革新後產物保險公司與金融機構合作的投保流程簡示圖

個案 6-14 便利商店的 ATM 網業務

　　小昊最愛吃便利商店的大熱狗，常常找媽媽一起去買，媽媽也會順便使用 ATM 領錢，但是因為自己的金融卡銀行不同於這台 ATM 的所屬銀行，所以必需支付跨行手續費用，雖然好像不太多，可是久了之後就會累積一些不必要的支出費用。小昊向店長說出心理的想法：如果這是同一家銀行，媽媽就不用浪費錢了。

【流程剖析】

　　小昊到便利商店買東西時，媽媽會隨便使真美麗銀行的金融卡領錢，雖然可以節省帶小孩的奔波忙碌就近方便使用即可，但是因為這家便利商店的合作的 ATM 銀行是小可愛銀行，所以小昊的媽媽必需支付跨行支付手續費用。（圖6 14-1）

圖 6-14-1　便利商店 ATM 領錢流程簡示圖

【問題＆討論】

543 便利商店向總公司反應客戶需求，為何便利商店卻不能真的做到「便利」呢？！這個反應總公司收到了。

1.首先，543 便利商店規劃了幾家預計合作的主要銀行，而且具有一定市場規模及市場占有率的銀行。

2.到各家規劃的目標銀行進行開會及討論，經過雙方合作協議後，543 便利商店開立存款帳戶。

3. 購入 KIOSK 機台或調整現行的帳單產生機，轉變為具有現金鈔匣的 KIOSK 機台，與銀行 ATM 一樣具有存提款供能，但不一樣的是這座 KIOSK 機台是歸屬 543 便利商店所有。

4.選定一家銀行擔任主辦（清算）銀行。

5.辦理各合作銀行的系統測試及安置。

6.建立帳務整合及控管機制。

7.上線運作。

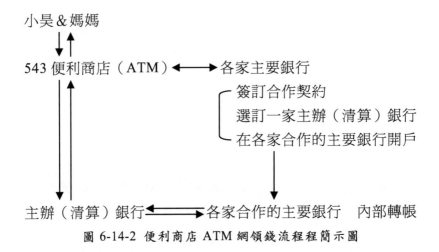

圖 6-14-2　便利商店 ATM 網領錢流程程簡示圖

【便利商店 ATM 的主辦銀行】

　　543 便利商店的 ATM 要選定一家合作銀行，擔任 ATM 主辦（清算）銀行，其實如果就（圖 6-14-2）流程來看，似乎由 543 便利商店自行統籌辦理即可，爲何還需要找一家合作銀行擔任 ATM 主辦（清算）銀行呢？！

　　由銀行擔任主辦（清算）銀行，則一切都應該遵循 ATM 設置規範辦理，而且基本上以現金鈔票支付爲主，其中任何一筆提領現金交易，均實際上自客戶的存款帳戶內扣款，並立提供同等的現金金額，只不過這台名義上爲銀行的 ATM，但實際上屬於 KIOSK 的機台，所以當客戶的金融卡銀行不是這家主辦銀行時，系統將自動轉向各合作銀行，進行網路 ATM 轉帳作業。在這台 KIOSK 機台上除了非合作銀行由主辦銀行辦理跨行領現外，其餘均爲轉帳功能，轉入帳號均預設爲這家便利商店，而這家便利商店則從主辦銀行的帳戶內

扣款支付現金給客戶。（表 6-14-1）（圖 6-14-3）

　　如果便利商店自行擔任主辦銀行的話，那所有交易亦為轉帳方式，轉入帳號亦預設為這家便利商店，而這家便利商店則自行使用機台支付自有現金，與各銀行不相關。但是如果是非合作銀行的金融卡的話，就無法使用了！！

表 6-14-1 便利商店 ATM 的主辦銀行差異比較表

擔任主辦（清算）角色	便利商店	銀行
提領現金（鈔票）	可	可
提領現金（銅板）	可	不可
轉帳	不可	可
行銷活動	可	可
法規（ATM 設置規定）	無	要
非合作銀行的提領現金	不可	可
提領現金流程	轉帳＋現金	現金
設備所有人	便利商店	銀行
補充鈔票負責人	便利商店	銀行
設備完全裝置	防盜及防火	防盜及防火

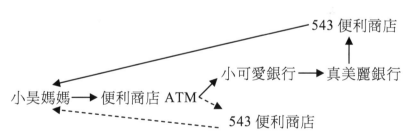

圖 6-14-3 便利商店內不同主辦角色的 ATM 提領現金流程簡示圖

【便利商店 ATM 上的儲值卡的沈思】
　　在便利商店消費，一般而言除了現金方式外，使用儲值

卡方式亦不少，而所謂儲值卡現行大致上可區分為悠遊卡及便利商店儲值卡。其中便利商店的儲值卡對便利商店自身而言所產生的效益較大，因為是自己發行的，兼具發行儲值卡的資金效益及增加客戶消費的利益。所以有關的研究團隊應該對於便利商店 ATM，多加以斟磨的便利商店自行發行儲值卡應該要如何整合效益，此外是否還有其他的衍生綜效產生。「因為任何系統如果只為了一個目的而設置及規劃，那肯定是一項資源的浪費」。

個案 6-15　客運訂位業務（衛星）

小雯是一位明星老師，每週一及週三都要搭客運到台中的第一名補習班任教，但是因為工作太忙碌了，每次都為忙了事先買預約車票，到了車站等待的時間很浪費，但是因為生性節檢，也很少搭高鐵，所以只好提早到客運總站排隊買票及苦苦等候。天呀～怎麼這麼不方便！

【流程剖析】

小雯常常要搭客運到台中教課，但是如果沒有事先去買預約車票，那似乎不一定可以買到適合的班次車子，而且臨時趕到客運總站時，又是大排長龍的，很不是滋味。在客運總站買車票，可以使用現金或者悠遊卡消費，還算方便啦，只不過錢包還是要多準備些車資，否則臨時可能還是要到 ATM 領錢，當然也有時候會先去辦理悠遊卡加值，一次多加值些，省得麻煩。（圖 6-15-1）

圖 6-15-1　搭客運的流程簡示圖

【問題＆討論】

　　小耍提問：為何現行火車票、高鐵車票、飛機票…等等，都已經開放可以使用網路或電話等設備預約訂票了，但是客運卻還是要人工排隊，不是要事先來預約買票，就是當場苦苦等候，似乎應該要調整一下比較便民。（圖 6-15-2）

　　如果有搭過公車應該就會知道，台北市的公車站等候處有一個跑馬燈揭示板，上面隨時立即性的顯示這個公車站等候處的所有公車動態，其實這樣的好服務（系統）應該要廣為運用與學習。

　　雖然沒有事前先到客運總站購買預售車票，但是今天小耍出門前，就很匆容的使用網路，查看客運總站裡可以搭乘到台中的車班，現在的位置及到站的預估時間，當然還有空位有幾個，先來個網路訂位及線上即時繳費，到此為止整個過程似乎還算完美可以接受，但是車票呢？

　　這是一個傳統性思考的問題，因為所謂「車票」雖然稱不上是有價證券，但仍然是屬於具有相當價值認定的憑證單據，可以並不是每個人身邊都會有方便使用的印表機呀！？所以說這是「傳統性思考」的問題，在這科技網路化時代，尤其是「一台筆記型電腦＋一個車庫＋一個夢」所成就了一

顆「金蘋果」的奇跡，改變了世界。

　　人性化的服務（系統）很貼心地，在小雯購票交易完成後，立即就會發送來一份感謝與交易憑證（編號或者 QR CODE 編碼），等到客運車班到站時，小雯不用再花容失色地趕車了，輕輕鬆鬆地站在候車處等待叫號，上車前可以先在服務人員櫃台處掃描交易憑證資料，就可以列印書面車票收據聯，儘管是直接上車，客運司機的交易憑證的確認驗證手續也不是難事。因為「貼心服務就是生意的來源」，而「困難與問題的出現就是服務需求的訊號」。

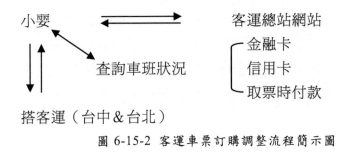

圖 6-15-2 客運車票訂購調整流程簡示圖

　　【小插曲 ── 路況顯示及行程規劃＆建議】

　　飽讀書經的小雯心想如果再來的完美些，那世界會更美麗，所以出門前就先來查詢（台北 ── 台中）的路況，再來個行程路線規劃及最佳建議方案，還有各車班的現在的位址及空位情形，當然車班的等候時間一定也是十分必要的重要決策項目，最後再選擇最佳途徑進行。（圖 6-15-3）

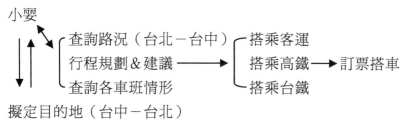

圖 6-15-3　客運車票訂購調整流程簡示圖

個案 6-16 搭乘公車業務（衛星）

　　小嫻是一位活潑有智慧的大學校園美女，除了要代表學校到處參加公益活動外，還要利用上課課餘時間，去台北市南陽盆地的英文補習學習，努力練習期以通過國際英文檢定測驗，所以搭乘公車是十分必要的交通工具之一，可以常常都要在公車等候處等～等～等，等候很久。雖然可以順便背背英文單字及文句，但是還是覺得很浪費時間耶！

【流程剖析】

　　用功的小嫻為了要四處遊走，常常需要搭乘公車，只是寶貴時間似乎很難掌握。（圖 6-16-1）

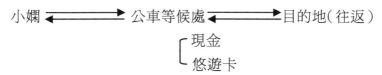

圖 6-16-1　傳統式搭公車的流程簡示圖

【問題＆討論】

過去搭乘公車真的十分花時間，左等右等往往需要花費二十分鐘以上的等候。到了現今，有許多地方陸續安裝電子看板，動態顯示這個公車等候處所有公車的發車及距離現在位置的情形。（圖 6-16-2）

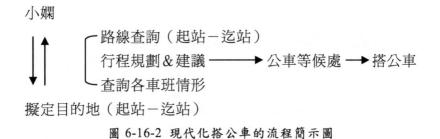

圖 6-16-2　現代化搭公車的流程簡示圖

公車又不是手機，為何會知道各車班的位置呢？

其實，手機會出現可以搜尋的原因，是因為手機的通話等功能具訊號發射的裝置，然而各手機電信業者的衛星設備，藉此進行訊息指令交換或執行，因此電信業者的主機當然可以搜尋到個個手機的大約位置，而之所以稱為「大約位置」，是因為只有要手機有產生訊號發射（或接受）時，系統才會有接受到手機訊號的衛星設備機台位置，也就是說所謂的位置是指電信業者的衛星設備機台位置，而不是手機的真正位置，因此電信業者為了訊號接收的穩定及效率化，需要廣泛設置衛星設備機地台（大／小耳朵）。

此時或許會另有疑問，為何手機的地圖搜尋及車上的道路導航器似乎可以很精確地找到現在的實際位置呢？！

　　那是因為這是設備使用上的不同，這是真的使用天空上的衛星設備，所以在漫空中密密麻麻的衛星中，有些的設置用途就是生活上的運用，再加上地圖的搭配，當然可以很精確地找到實際位置。只不過是訊號的隨時傳送及接受，真的很花費電力，因此手機如果有長時間使用上網或地圖位置搜尋及導航的話，那肯定耗電力極強。不過在個人隱私權的規劃之下，其實也可以將現有位置予以關閉，不讓手機上的好朋友搜尋到。

　　只要在公車上，安裝有類似導航器或者行車記錄器，就可以隨時掌握公車的位置，再透過公車等候處的電子看板，就可以即時的反應出公車的動態，而且因為電子看板的這些訊息，都只是簡略的文字標示，所以傳送的檔案量很小，因此系統的反應程度當然是快又精確！

【小插曲 ── 手機位置搜尋】

　　小澀是富二代的大少爺，擔任家族事業中的百貨業董座，每天交際應酬很多，而且在百貨業還會有很多時尚界的朋友，名模及美女如雲，而小乖也是名模出身，不但身裁極好且臉且還閃閃動人，與小澀婚後育有二子，仍然還享上天的寵愛，繼續擔任自家經營的百貨業裡的商品代言人，不論是家電、服飾或是化妝品，代言效果極佳，而且還是百貨業的老闆娘，廣告行銷效果更是加成。但是小乖還是很擔心小澀的日常生活，會不會…還有更多緣份…。

　　小澀每日要日理萬機，生活十分充實忙碌，除了手機上的通路及即時性連繫功能外，實在是沒有空也沒啥興趣去研

究有何其他功能。小乖在小澀的手機上先行設定小澀的位置，並且設置公開及分享的狀態，當然的分享的對象一定是小乖本人啦！如此一來，小乖只要隨時按按手機搜尋查詢一下，就可以掌握小澀現在的位置！

小澀的老婆小乖 ⟶ 開啟小澀的手機位置搜尋（公開／分享狀態）

掌握小澀的即時位置 ⟵ 隨時查看小澀的位置

圖 6-16-3 手機位置搜尋流程簡示圖

【小插曲 ── 公車找人案】

星期天小雨帶著小犬小昊去學校參加直排輪鞋課程，搭乘 35 路公車到大安公園下車時，小昊個兒太小擠不下車，結果小雨下車了，但是…只能慌張地重搥打胸膛自責，心疾如焚的小雨突然想到曾經上過「金流課程」，課程中有提到資訊網路化的應用及商城等議題。貼心的公車業者也想到了，在公車等候處電子看板旁規劃了緊急聯絡鈕，小雨快快按下按鈕後立即與服務人員通話，表明了緊急事項後，開始了尋「犬」服務。

服務人員趕急查詢緊急聯絡鈕處，小雨所指明的公車所在地，電聯這班 35 路公車司機人員，告知協助尋找小昊，經過公車司機人員的熱心服務，以及緊急聯絡服務人員的貼心關懷，最後～相見歡，並贏得在場民眾的熱烈賀彩。這樣的服務是不是更加人性化呢。

小雨下車 ──────▶ 小昊在公車上忘了下車

找到小昊 ◀── 找尋人內容確認 ◀── 聯絡公車聯繫窗口／找人

圖 6-16-4　公車找人流程簡示圖

個案 6-17　智慧型手機業務（衛星）

　　小文的手機不是申請「吃到飽」資費專案，也不是「吃半飽」資費專案，只是「吃不飽」的一般手機每月最底通話費方案，所以同事們常常戲謔小文，手機是申請南極系統的，否則智慧型手機上的社群通訊，都要等～等～等很久才會回覆，有時候一天，有時候三天到一個星期。

　　小文靦腆地回答：因為手機一直無法連線上網，所以不知道有人留言。

【流程剖析】

　　小文的手機雖然從外觀看來是使用智慧型手機，但是其實只是申請每月最低通話資費服務，所以沒有辦法隨時上網連線，只有當手機系統自動掃瞄到 WIFI 系統時，如果是免費的話應該可以自動連線上網，如果是以前儲存的上網路徑的話，應該也可以自動連線，只不過對於通訊似乎很強的「佯裝」電信業者，常常會使用這種模糊的行銷手法，進行類似「釣魚網站」來詐騙消費者，這一定要十分小心。（圖 6-17-1）

圖 6-17-1 未申請行動上網的智慧型手機訊息收發困難原因流程簡示圖

【問題&討論】

　　小文的「吃不飽」專案，平常都是要「鑿壁偷光」方式，使用社區大樓一樓管理辦公室的無限上網分享上網的，所以每天只有出／入門經過時才會有連線上網的機會，但是如果快速經過管理辦公室的話，那肯定是來不急連線，所以說一天、三天或一週的等待，一定會的啦！

　　近些年，開始有些縣市政府或者機關團體，還有商店及飯店等等，都會提供免費的上網服務，也就是 WIFI 上網服務，出國時候住宿的飯店也是大部份都有提供這項服務，旅客不需要使用自己手機上的漫遊服務仍然可以使用網路服務，通訊費用大大撙節。

　　手機上的 WIFI 服務，就是在手機的「無線與網路」功能中，進行 WIFI 的設定與搜尋，可以找到周匝手機系統可以掃瞄到的 WIFI 網路資源，其中有很多是屬於閉鎖式的網路資源，需要有密碼才可以開啓使用。比如說在大台北市就有 TPE Free、TPE-Free Bus、iTaiwan、NewTaipei 等等免費 WIFI 系統，剛開始連線真的超級慢～～～，但是管理機構貼心地的將使用頻寬擴大了，似乎還算方便！不論是在靠窗戶的座位旁，或者在馬路上，偶而都會有莫名的「嗶嗶」響聲，

系統自動掃瞄連線了，收到朋友發送過來的親密訊息。（圖6-17-2）

小文的朋友發送訊息　━━━━━━▶　小文的手機
　　　　　　　　　┌─ 申請「吃不飽」最低每月通話費
　　　　　　　　　│　使用 TPE Free、TPE-Free Bus、iTaiwan、NewTaipei
收發訊息 ◀━━━━━┘　使用客戶、同事、飯店免費 WIFI 系統

圖 6-17-2 使用 WIFI 資源的智慧型手機訊息收發流程簡示圖

【WIFI 自動搜瞄的連結時的商機】

　　有很多人都會使用 WIFI 自動搜瞄的連結來進行上網，智慧型手機常常會自動搜瞄，並出現很多的 WIFI 的系統連結，最後手機會自動搜瞄最常使用的系統進行連結，或者由手機持有人自行選擇最適合的系統，此時這個系統在進行網路連結時，是否也應該可以提供最合適或最應景的廣告文宣呢！（圖 6-17-3）

小文的手機搜瞄系統　━━━━━▶　可使用的連結系統

系統連結＆廣告文宣 ◀━━━━━━ 選擇最適合或訊息強度最高的系統

圖 6-17-3 使用 WIFI 資源的智慧型手機訊息收發流程簡示圖

【智慧型手機的商城】

　　網路上商城已經發展的很成熟了，幾乎是任何有使用過電腦的族群，都可以立即進入狀況，從 2 歲至 90 歲都不是難事。但是在「一顆蘋果的革新」後，智慧型手機產生了劃時

代的變革，手機即是電腦。其實單單把所有的光環都給了智慧型手機，似乎有點不公平。因為在這發展的同時間，產生了另一個劃時代的變革，那就是「雲端科技」，簡單的說就是把雲端大致上區分為上層、中層及下層（表 6-17-1）。

　　上層雲的功能主要在於軟體的創意發揮園地，不管是個人的自由揮散園地，還有來自世界各地的開發軟體。中層雲的功能主要在於平台的建立，包含開發系統平台、開發作業平台及程式執行系統平台，提供使用者共用的平台，減少自行開發平台的研發費用。下層雲的功能主要為設備的共用概念，提供設備整合使用及設備租借運用等方式，期以提高作業效能及降低設備的投入資本。

表 6-17-1 雲端科技的產業分層說明表

雲端科技的產業	上層	中層	下層
各層級功能	雲端軟體	雲端平台	雲端設備
參與對象	任何人	平台開發人員	設備廠商
用途	自由創意發揮	開發系統平台 開發作業平台 程式系統平台	設備整合使用 設備租借運用
參與者	網路族、軟體開發商	微軟、蘋果、Google、Yahoo	HTC、IBM、昇陽、惠普

　　智慧型手機的條碼：基本上有 APP Store 及 Google Play 二種。（表 6-17-2）

　　1.APP Store：主要是應用於蘋果 iPhone 系統之中，形狀為正方形，左方上下及右上各一小型正方型同心黑點，而右下方則為往內縮的正方型同心黑點，大小約為其三個的黑點的二分之一，此外條碼中正右、正左、正上、正下及正中間，

亦各有一個正方型同心黑點，大小與右下方正方型同心黑點一樣。掃瞄時系統會自動偵測各個正方型同心黑點，給予正確的條碼定位，接下來才是讀取條碼內容。

2.Google Play：主要是應用於 Android 系統之中，形狀為正方形，左方上下及右上各一小型正方型同心黑點，而右下方則為往內縮的正方型同心黑點，大小約為其三個的黑點的二分之一。掃瞄時系統會自動偵測各個正方型同心黑點，給予正確的條碼定位，接下來才是讀取條碼內容。此外，還有些機構會在條碼中間放置 LOGO，有圖文並茂的效果，尤其是新聞媒體文章，更是讓讀者有深入其境的感受。

表 6-17-2　智慧型手機的條碼比較表

智慧型手機的條碼	APP Store	Google Play
應用系統	iPhone 系統	Android 系統
辨識點	1.形狀為正方形 2.左方上下及右上各一小型正方型同心黑點，而右下方則為往內縮的正方型同心黑點，大小約為其三個的黑點的二分之一 3.此外條碼中正右、正左、正上、正下及正中間，亦各有一個正方型同心黑點，大小與右下方正方型同心黑點一樣	1.形狀為正方形 2.左方上下及右上各一小型正方型同心黑點，而右下方則為往內縮的正方型同心黑點，大小約為其三個的黑點的二分之一
掃瞄時系統會自動偵測	1.自動偵測各個正方型同心黑點，給予正確的條碼定位， 2.接下來才是讀取條碼內容	1.自動偵測各個正方型同心黑點，給予正確的條碼定位 2.接下來才是讀取條碼內容
圖示範例		

智慧型手機的檔案傳送方式：網頁連結、圖片形態及文字檔案形態。（表 6-17-3）智慧型手機的系統程式，有別於傳統電腦上的網頁程式（HTML 及 JAVA），撰寫成本高出很多，不過與其說新的系統程式開發成本高，倒不如說是新的程式系統的教學才剛步上腳跟，但是市場的需求郤遠遠大於供給，程式撰寫工程師的嚴重不足，造就了系統程式撰寫的市場利基。

網頁連結速度快，而圖片的傳送雖然容易但是需要占據些許的系統檔案儲存空間，所以應該要搭配規劃資料庫管理系統，這樣才會產生系統有效性。文字檔案形態看似最為簡單，其實整篇文章的下載，遠比單純的圖片形態難上多倍，因為文檔案設計成為隨著手機方向及畫面大小，以及文字大小，產生自動畫面調整，以及應用觸碰點功能，產生頁面切換，此外還有似乎網頁內容部份擷取效果，這些都是會造成系統程式開發成本上升的原因。

比如說宗教經書的閱讀，如果是網頁連結方式，則僅會下載經書的目錄，其餘內容一定要進行網頁連結才可以閱讀，所以說經書的檔案是儲存在網頁主機端。而圖片形態的話，那肯定是這部經書內容不多，可能只有少少的幾頁，所以可以提供每頁一個圖片檔案提供下載自行閱讀。至於文字檔案形態，則是將目錄及內容全數下載，但是此檔案採行序列式逐頁顯示，基本上不是可以在目錄上點選跳頁，除非經典中有各部不同的主題內容，此時才會提供各部不同主題的點選跳頁，可以各部中的內容就不再細分了。這個部份有些系統程式會另外在手機功能鍵中，選取「設定」等類似功能

鍵，這樣就有回首頁、上一頁、下一頁或最末頁，或者是上一章或下一章等等。

表 6-17-3 智慧型手機的檔案傳送方式比較表

智慧型手機的檔案傳送方式	網頁連結	圖片形態	文字檔案形態
傳送速度	最快	可	最慢
程式撰寫	中等	單純	複雜
開發成本	中等	便宜	很貴
系統負荷	低	中	高
適用範圍	網頁指引	圖片分享	下載應用及閱讀
檔案複製方法	點選後即複製	點選後即複製	點選範圍再複製

智慧型手機的廣告形式：網頁連結方式、彈跳網頁頁面及畫面分割等分式。（表 6-17-4）最簡單最普遍的廣告形式，就是網頁連結方式，只要用手指尖輕輕的在畫面上點一下，就會自動進行網頁連結，而彈跳網頁頁面基本操作方式也是一樣。但是所謂的畫面分割，其實就是在手機的畫面中出現在上方或下方（出現在下方為多），有一排文字或具有吸引力的圖案（圖片），誘使消費者進行點撰進入這個廣告主的網路商場中，這種廣告出現處並不一定是網頁形式，也有很多是在下載的圖片或文章中的分割畫面，只不過是所有的廣告連結，還是要在有網路連結的狀態下才可以進行。這種強迫行銷的廣告畫面，無法只是單純的點選上一頁，或關閉網頁就可以了，其實應該要在系統程式下載或應用區內，進行取銷（或卸載）這個程式才可以全數阻擋這個廣告。

表 6-17-4 智慧型手機的廣告形式比較表

智慧型手機的廣告形式	網頁連結方式	彈跳網頁頁面	畫面分割
連結方式	網頁中顯示可供連結的文字或圖示，經點選後網頁轉向新的標的網頁	網頁中顯示可供連結的文字或圖示，經點選後網頁轉向新的標的網頁	網頁下方或上方處，顯示可供連結廣告，吸引客戶點選後網頁轉向新的標的網頁
網頁圖層	新網頁取代前一網頁	獨立存在的網頁	獨立存在的網頁
手機系統負符	小	大	大
應用範圍	新聞	特殊廣告	特殊廣告
廣告用途	公示分享及廣告吸引	強迫推銷	強迫推銷
網頁拒絕方式	跳離即可	跳離即可	取銷／拒絕網站

【雲端印表機】

　　如果有一天聽到旁邊的人向電話中的對象說：請您把樣本模型傳送過來！您會如何想？～是傳送 DM 還是郵寄樣本呀！？

　　其實在雲端科技發展的同時，立體印表機也已經悄悄的研發與醞釀。

　　客戶小慧下個月要結婚了，最喜愛星光仙子，所以將收藏的星光仙子的照片檔案，傳送給小勻巧手商店，希望小勻可以承襲爸爸的手藝，幫忙客製設計一套結婚金飾。小勻先將收到的照片，反拍成為星光仙子的照片電子檔案，再編製成為 3D 及設計為系列商品，經過小慧的再次檢視、修編及定案，加上樣品模型的再次確認，最後在 3D 印表機內加入特殊材料（金粉）及列印製作，大約一個下午時間不到，就

可以提供完成品了！（圖 6-17-4）

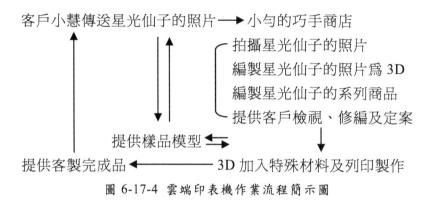

圖 6-17-4　雲端印表機作業流程簡示圖

　　在著作權及專利權的角度而言，這樣的 3D 印表機似乎真的很容易有模仿機會，但是如果只是個人或非營業用途的話，應該就不算有所謂的侵權行為。另方面再加以深入探討 3D 印表機的發展與應用，除金飾品、玩具、公仔、器具用品等等，其他有關於停產或絕版品，還有零件或者是未來可能發展的人工器官等等，這可是真的不容忽視的大產業！有人說：「在網路世界裡，什麼都有什麼都不稀奇。」但是如果這個概念跨進了真實的世界呢，會如何？這就類似人造羊、人造人的議題一樣沈重。

　　【雲端設備應用的案例】

　　小宣是一個網路 SOHO（some office home office）族，喜歡獨自在家開創事業。有一天小宣規劃了廣告文案，其中有部分是屬於影片檔案，但是自己的電腦應用軟體安裝不

足，上網找尋適切的影片軟體進行製作。此外還要設計文書廣告文宣，並協助客戶郵寄給個個名單會員，並且還要設計一系列公仔模型！（圖6-17-5）

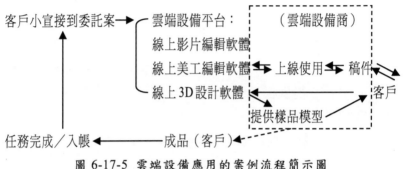

圖 6-17-5　雲端設備應用的案例流程簡示圖

小宣作業流程如下：

1.在小宣的設立的網站中，客戶上傳委託申請內容。

2.使用最適合的軟體，自己電腦沒有時轉向網路資源，不用下載安裝就可以直接應用，影片製作與剪接、聲音製作與配合、美工設計與編輯、3D設計與動畫。

3.影片稿件及美工與3D設計文件，傳送客戶審閱。

4.公仔在客戶審閱後，進行樣品模型試作並傳送客戶實體檢視。

5.經過客戶需求及成品確認後，成品交付客戶，包含影片製作、美工海報及文宣、公仔。

6.傳送文宣文件進行列印，並進行郵寄至個個會員。

7.任務完成，收款轉入金融機構存款帳戶。

（這個過程中，軟體應用是使用雲端軟體製作，文件列

印也可以委託雲端設備提供商產出，而公仔則是屬較少數的廠商所有，雖然仍然可以使用雲端特殊軟體進行規劃設計，但模型的產出則要另行傳送到專屬廠商，進行列印實體物件並直接郵寄給客戶。所有的書面文件及實體物件，均可由再由委託的郵寄商，負責分發給個個標的對象。大功告成，收款入帳。SOHO 族！）

【小個案 — 智慧型手機的廣告封鎖案】

　　小承喜歡使用智慧型手機的社群交友功能，以往常常使用手機的簡訊功能，發送簡訊給客戶，定期進行理財客戶關係聯絡，並報告最近的市場狀況及投資內容。在七夕的晚上，小承使用智慧型手機的社群，發送七夕祝福語給每位理財貴賓，但是因為小承是申請手機「吃不飽資費專案」，只可以使用 WIFI 才可以上網，所以雖然手機現在沒有連線上網，不過小承還是在離線狀態下，簡單的編寫一些祝福語給客戶，然後在一個一個發送，只要等到手機裡的系統自動搜尋到可以連線 WIFI 時就可以上網發送了。可是這社群有一項很貼心的服務，那就是任何訊息的發送將儲存到等待處理區中，等到系統連結時會自動進行發送作業（圖 6-17-6），可以這項貼心的服務，卻讓小承立即收到這個社群交友系統公司的自動回覆，將小承的手機號碼設定為廣告詐騙對象，並且進行封鎖無法再使用！

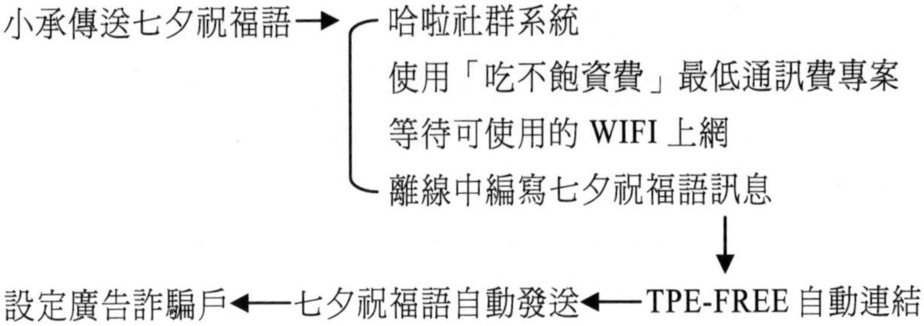

小承傳送七夕祝福語 ⟶ ┌ 哈啦社群系統
　　　　　　　　　　 │ 使用「吃不飽資費」最低通訊費專案
　　　　　　　　　　 │ 等待可使用的 WIFI 上網
　　　　　　　　　　 └ 離線中編寫七夕祝福語訊息
　　　　　　　　　　　　　　　　　　　　↓
設定廣告詐騙戶 ⟵ 七夕祝福語自動發送 ⟵ TPE-FREE 自動連結

圖 6-17-6 社群系統設定廣告詐騙戶流程簡示圖

　　十分驚訝的小承，趕快想法子找尋這個社群系統公司，可惜的是，似乎找不到任何的連絡電話及方式…，經過多次的努力，小承在這個社群系統中找到連絡客服的功能，其實這是個 E-MAIL 功能，小承就用這個功能，將事件原委說明，其實最主要即是離線中的訊息編寫，直到自動連結時，訊息全數（大量）同時寄送，最後經過一個月的努力，小承的這個社群系統功能終於重新開啟，圓滿解決。（表 6-17-5）哈啦社群系統的系統效率快，是因為社群系統中大部分是處理文字為主，就算是圖案也只有小小的圓型表情圖案，但是嘻哈社群系統則是除了文字外，也有推出很多 Q 版圖案，還有提供免費通話功能，近日還創新推出視訊通話功能，所以系統負符較重，因此偶而會出現「同一個好友退出又加入」的情形。

表 6-17-5　社群系統的訊息發送功能簡易比較表

	哈啦社群系統（W）	嘻哈社群系統
訊息發送失敗處理	轉入待發區	訊息前出現「？」符號
系統發送方式	待發區自動發送	自行點「？」符號，選擇「重新發送」
系統圖案	只有小小的圖案	時常推出各種 Q 版圖案
系統效率	高	中
通話功能	差	可
系統使用費	初期免費，現逐步收費	免費
商機	系統使用費	推出收費的系統圖案 銷售商店委託的廣告圖案
會員加入方式	手機號碼	手機號碼／E-MAIL 信箱
使用媒介	智慧型手機	智慧型手機／電腦

【小個案 — 沒有秒差及自動調整時區的手錶】

　　聰明的小承很重視時間管理，所以常常會不經意的注意手錶上的時間，以便有效掌握每一分每一秒，才不會有光陰無故流失的遺憾。因此小承不自覺的愛上了手錶，有一天看見雜誌上廣告一只精品手錶，竟然比「電腦也可以挑花生」還要厲害，宣稱十年百年沒有秒差，而且出差雲遊到世界各國還會自動調整時區，這款手錶怎麼這麼優呀！？（圖 6-17-7）

圖 6-17-7　沒有秒差及自動調整時區的手錶

　　其實似乎也不是什麼新鮮事，只要以前很少用在手錶上

吧了！想想車子上安裝的導航系統的地圖搜尋功能，有沒有跟這項創舉有異曲同工的雷同性呢？都是透過機台本身內建的發射（接受）器，進行與衛星的連結與偵測，最後取得正確的位置，並提供最佳路程建議及規劃。而最令人驚奇是，小小的手錶裡，似乎滿滿的精密機械，怎麼能再容納的下這的發射（接受）器的內建功能。科技真的深在人心。

　　不過再深入想想，這樣的手錶會有幾個隱憂：手錶容易耗電、電磁的耐電性、電磁充電功能的方便性、電磁波的近距離收發對人體的影響等等，手錶商人主事者請多加深入探究嘛！！

　　【小個案 ── 出國刷卡的客服聯絡】

　　小承在工作上的表現很優，二十年如一日，始終如「一」，永遠是公司的年度業績排名第 1 名。這次再度榮獲出國受獎的榮耀，在日本回程的免稅商店中，大大的消費採買給貴賓們的拌手禮，經過一次一次的努力逛街採購，消費刷卡第 4 次時，不幸遭受信用卡機構的拒絕授權消費，這～真的是氣炸了！出國前還向這家信用卡機構的客服，申請機場接送服務，可以為何在國外消費還會有遭到消費拒絕情形，雖然事後才發現手機有簡訊要求回電予信用卡公司，但是為時已晚，而且在國外回電話的通訊費很貴。回國第 1 件是就是聯絡信用卡客服中心，回覆內容：基於風險控管考量，針對同一刷卡機的連續消費扣款情形，常常會是盜刷的狀況，所以當時有即時電聯，但未能接通，所以轉以簡訊通知要求回電，故無任何不當的作業疏失。（圖 6-17-8）

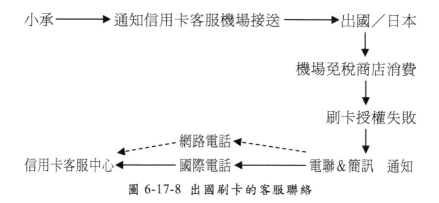

圖 6-17-8　出國刷卡的客服聯絡

　　信用卡機構在接到小承的要求提供機場接送時，應該立即在系統上註明客戶出國及安排接送服務等記錄，如此一來，在風控人員查覺到消費異常時，就可以在第一時間內立即正確反應，而不是一直電聯或要求回電！再者，在這網路昌明的科技時代，智慧型手機已經逐步廣受消費者使用，信用卡機構應該設立網路客服中心，提供客戶可以使用網路電話聯絡的機制，比如說：妥善運用社群網的方式，廣泛告知所有信用卡現有或潛在客戶群，一方面可以增加行銷優勢，另方面客戶也可以藉此回電客服網路中心。這才是對客戶而言是既方便又免費的最貼心的服務。

個案 6-18　谷歌的眼鏡業務（衛星）

　　小昊是一個很受愛待的大聰明帥哥，平時雖然保持開源節流的好習慣，但很重視時尚及科技新品。聽說谷歌的眼鏡竟然可以上網雲遊。下回有戴眼鏡的紳士朋友如果沒有說話，或者自言自語還是突然大笑大哭，那很有可能是戴了谷

歌的眼鏡。（圖 6-18-1）

【流程剖析】

小昊戴上了的谷歌眼鏡，隨時隨地都可以上網查詢資料，或者進行地圖搜尋、路線規劃、公車到站狀況、天氣查詢、社群的八卦留言及重要 E-MAIL，此外附近的餐廳及電影院活動查及訂位（票），一下下就可以搞定。

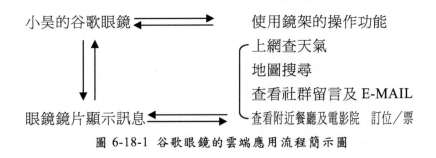

小昊的谷歌眼鏡 ⟷ 使用鏡架的操作功能

上網查天氣
地圖搜尋
查看社群留言及 E-MAIL
眼鏡鏡片顯示訊息 ⟷ 查看附近餐廳及電影院　訂位／票

圖 6-18-1　谷歌眼鏡的雲端應用流程簡示圖

【問題＆討論】

小昊的谷歌眼鏡很是貼心與安便，不但可以立即上網查詢資料，還可以馬上進入社群聊八卦，或者利用 E-MAIL 處理公事，及進行各種線上購物。但是這樣商品的金流陳述如下：

1.信用卡：採行網路信用卡刷卡模式，在進行眼鏡鏡面的視訊資料出現時，線上的購物方式，仍然可以運用信用卡的授權交易功能，既簡單又容易。

2.金融卡：可以使用金融卡的網路銀行交易功能，或者說是線上轉帳，而不是使用讀卡機的插卡功能，但是如果是要基於交易性安全的考量，似乎也可以設定爲金融卡交易，

必需要使用有接觸點的讀機卡。再者網路商場中的轉入帳號，如果可以進行預先設定的話，那肯定金融金流風險及疑慮，可以更加安全有保障。

3.其他（貨到付款與便利商店取貨）：利用線上進行商業交易，但是貨品的交付與貨款的收取，可以預先設立配合的便利商店，或者委託簽約的貨運公司，進行送貨並同時收款，這樣的交易很有保障。

【滑鼠功能】

有沒有想過這樣的眼鏡要如何點選鏡面上的資訊呀？

其實畫面的點選可以是使用按鍵、滑鼠、手指、強束光線、投影滑鼠，或者是美國 911 事件後甚為流行的「瞳孔」科技。

看來眼鏡的滑鼠事必會有別於傳統的電腦作業模式，但是在鏡架設置了功能選項的同時，其實也可以「順道安排」滑鼠板，使用者在鏡架功能選項旁的空間中，或者另一側的鏡架上，都可以有這種接觸性的滑鼠板區域。再者眼鏡的中間點（兩眉宇之間），也可以安置投影或者是相對位置影像裝備，使用者只要「憑空畫餅」，眼鏡的鏡面上就會有對等的滑鼠滑動功能，很是便利。下回看見人在「隔空抓藥」時，可不要再笑人家是無稽之談了，因為真的是立即線上購物，貨品很快就會宅配到府上嘍！

【電力問題】

電力問題就是一個長期的科技革新，因為眼鏡的基本功

能就是視力的調整，現在因應科技的創新發明，成就了眼鏡維新世代。輕巧方便是一大重點，儘管增加了科技發明，頂多可以改成太陽眼鏡般的另類形式，而不能過度加大加重。

其中內含的電源裝置，將會因為使用率的高低，產生耗電力的程度區分。鏡架中隱藏了電力奇跡，內容物的重量均衡，以及電力置換或補充將是一大挑戰。

【視力問題】

自從智慧型手機及 I-PAN 等商品的相繼問市，視力問題就一直是十分困擾的難題，或許眼科及肩頸的醫療診所門庭若市生意興隆，但是使用者的肩頸及視力確日形嚴重，甚至於有患者年齡逐年下降的趨勢。想想～以前的年代，幼年時期草綠色的生活環境，已經隨著科技昌明，轉變為大樓林立，天空中的星辰及嬉笑追逐的小昆蟲，現在也只有在書本中可以看到了。電視節目、電腦設備、電子書本及手機等等，近距離的強迫行為，嚴重影響使用者的視力及身體，尤其是長時間的注視智慧型手機，看文章、上網、影片、社群聊天等等，這個螢幕後端裝設的六支燈管，正好直直的無情照射者使用者的眼睛，就好像是用眼睛直視手電筒一樣可怕，使用者敬請多加小心使用。

【其他問題討論】

1.手機即是照相機：以往要攝影時，都是攝影手持像機說：「嘻」！現在倒是常常看到手機或者平板電腦出現照像的畫面。有一則廣告，劇中人出外旅遊時意外發現「河童」，

經過洽詢後同意拍像，不過，此時「河童」手舉『ｆ』字牌，而男主角回答：「這個手機沒有上網功能。」結果當然是要呈現「遜掉了」的感覺。使用手機攝影的優點：有立即性效果、方便攜帶、隨身電腦即是手機、上網分享等等，甚至於平板電腦的畫面呈現，即可感受使用在電腦桌面或洗出成為紙張的視覺感，還有無需再花錢去買像機了，成本下降而且畫面超大，所以使用者日漸增加。

　2.夜視及透視功能：早些年前，曾經新聞有傳播社會訊息，有心人特意使用優質高階像機，加裝紅外線夜功能鏡頭，竟然可以透視塑質布料的服裝，令社會震驚！然而在這科技成長迅速的時代裡，智慧型手機內建的像機功能越來越強，像素也越來越精細，而夜視的紅眼功能也是內建選項，雖然不清楚這兩者之間的效果差異，不同建議相關業者，在進行商品研發之時，多加引導商品的有效應用，及社會風俗的正常平和化。

　3.通訊舞弊的考試應用：現的手機已經除了傳統的通話及記書功能，擴增到隨身電腦及上網工具的貼心服務，無線且立即性的功能，創造了訊息傳遞效率，縮短點對點之間的空間距離。有心人士還因此善用這樣科技的創新，運用在考試用途上，嚴重破壞了考試的公平原則，令人痛恨。希望社會風氣及莘莘學子的逐步成長歷程，可以循循善誘創造現在及未來的美景。

第七章　結　論

「什麼是世界最遠的距離？」

「就是在大腦與小腦之間。」

「因為大腦想到了，但是小腦卻沒有執行。所以古人說：反掌折枝之易，亦無收效之期也，愚公移山之難，亦有成功之期。」

曾經有位金融機構十分優質的親切大家長表示，早在悠遊卡發起之初，就很有遠見的為銀行開創加值費用代收款業務，可惜的是，經過各部門的審慎評估與研究，最後竟然結論為：本代收款業務恐有效益不彰之疑慮，擬請暫緩開辦。所以這位高瞻遠矚的長官，眼睜睜地看著同業承接這個代收款業務，收益頗豐。這也是「世界最遠的距離」。

「什麼是世界最遠的距離？」只不過是「誰擔任大腦角色，而另位擔任小腦角色」。

在生活中存在著再平凡不過的小小事宜，有些人得知後驚訝不已，有些人讚不絕口，也有些人嘴角輕輕一笑～哦！好棒好方便！不管這些資訊的接收過程如何，結果不是產生資訊的中斷，就是創造讓生活更加便利的實質效應與價值，一切都是不同層面的幸福泉源。

「科技始終來自於人心」，比如說便利商店推出影音的

QR 商品，很是有趣，也很有創新感。

任何鎖事的發生，不管是看熱鬧還是看門道，生活自在活出自我最重要。

有時候，同事邀請到 KTV 唱歌或者是參加社團一日旅遊，在遊覽車上準備高歌一曲，大夥們習慣性的動作就是～找歌本，趕快鍵入歌曲代號，不然一方面會浪費等候時間，另方面還要排隊等別人先唱好幾首，才會慢慢輪到自己，其實耐心等候也是一種美，而且還可以免費欣賞黃鶯出谷繞樑於耳，讚！但是除了這種美之外，方便性似乎就顯不足了。

A 公司的歌曲伴唱商品與 B 公司的歌曲代碼，排列方式及編碼完全不同，更加不用說 C、D、E 等等不同公司，所以只能夠憑介自己腦海裡深藏的搜尋引擎，再加上日積月累的經驗值，這樣才可以立即享有「箭在弦上」的優勢地位，很快地就可以找到善長的拿手歌曲編號，儘管是酒酣耳熱，仍然是「第一名」。

想想～藉由本書的內容，有何感想～～～

「一杯咖啡＋一份早報」公佈了一個偉大的國家領導人誕生。

「一台筆記型電腦＋一個車庫＋一個夢」所成就了一顆「金蘋果」的奇跡，改變了世界，改變了生活的科技，生命就該如此簡單。

現在的您～～～～想要什麼～～～～